现代
医学信息资源检索
与利用探究

姜燕 著

中国水利水电出版社
www.waterpub.com.cn

内 容 提 要

全书内容包括医学信息检索概述、常用中外文期刊文献数据库检索、特种医学文献信息资源检索、专类医学文献信息资源检索、网络医学文献信息资源检索、医学信息分析利用。

本书各部分内容既注重理论，又强调实际应用，在对理论进行深入浅出地分析的基础上，对如何使用检索工具等实际操作进行了详细讨论。希望本书能够对从事相关医学信息检索与利用的人员起到一定的参考作用。

图书在版编目(CIP)数据

现代医学信息资源检索与利用探究/姜燕著. --北京：中国水利水电出版社，2015.7(2022.9重印)
 ISBN 978-7-5170-3169-7

Ⅰ.①现… Ⅱ.①姜… Ⅲ.①医学－情报检索－研究 Ⅳ.①G252.7

中国版本图书馆 CIP 数据核字(2015)第 101676 号

策划编辑：杨庆川　责任编辑：陈　洁　封面设计：马静静

书　　名	现代医学信息资源检索与利用探究
作　　者	姜　燕　著
出版发行	中国水利水电出版社 （北京市海淀区玉渊潭南路1号D座 100038） 网址：www.waterpub.com.cn E-mail:mchannel@263.net(万水) 　　　　sales@mwr.gov.cn 电话：(010)68545888(营销中心)、82562819(万水)
经　　售	北京科水图书销售有限公司 电话：(010)63202643、68545874 全国各地新华书店和相关出版物销售网点
排　　版	北京鑫海胜蓝数码科技有限公司
印　　刷	天津光之彩印刷有限公司
规　　格	170mm×240mm　16 开本　12.75 印张　165 千字
版　　次	2015年8月第1版　2022年9月第2次印刷
印　　数	3001-4001册
定　　价	42.00 元

凡购买我社图书，如有缺页、倒页、脱页的，本社发行部负责调换

版权所有·侵权必究

前　言

　　21世纪是以现代科学技术为核心、以知识创新和技术创新为特征的信息社会。知识主导着社会进步、经济发展、科技腾飞和人类生活质量的提高，信息是知识生产过程中必不可少的原材料，是知识创新的源泉。医学信息又是信息的重要组成部分。医学信息在促进医学科技事业发展、提高卫生服务水平等方面发挥着日益重要的作用。伴随生物医学的快速发展，各种类型的生物医学信息资源迅速增加，面对其来源的多样性、组织的动态性与无序性，如何在网络环境下高效地检索医学信息资源，及时获取信息并合理利用信息，使其充分服务于医学研究与临床实践，已成为医学工作者不得不面对的重大课题。

　　信息技术、网络环境为信息资源的获取与利用开启了一扇新的大门，医学工作者身处创新时代，必须具备较强的创新意识和创新能力。《现代医学信息资源检索与利用探究》详尽介绍了各种医学信息资源的检索、管理、分析与利用方法，系统梳理了网络环境下医学信息检索利用的新技术、新方法。

　　随着信息技术的发展和网络应用的普及，医学文献信息检索涉及的内容不断更新和丰富。本着内容新颖、联系实际的原则，本书全面、系统地论述了医学文献检索和利用的相关知识，并力求反映近几年医学文献信息检索发展的新理论、新方法和新技术，以及作者多年教学中的经验和研究成果，以适应科研和医疗不断发展的需要。

　　全书共六章，第一章医学信息检索概述，第二章常用中外文期刊文献数据库检索，第三章特种医学文献信息资源检索，第四章专类医学文献信息资源检索,第五章网络医学文献信息资源检索,第六章医学信息分析利用。

全书内容新颖翔实、概念明确、条理清晰、逻辑缜密、文字精炼易懂,旨在通过直观明了和深入浅出的方式,将读者带进纷繁而有趣的医学信息资源检索与利用的殿堂。

全书由湖北省教育科学"十二五"规划课题(鄂教办[2013]16号 2013B238)资助完成。

每一项重要工作的背后都跟团队的协作密切相关,本著作当然也不例外。作者在此要感谢所有在漫长写作过程中给予帮助的同仁。同时,本书也参考了一些网络信息、期刊文献等,在此对相关作者致以最真诚的谢意。由于时间仓促以及知识水平所限,书中难免存在不妥和错误之处,真诚希望各专家同仁不吝指教。

姜燕 湖北医药学院药护学院

2015年3月

目　录

前言

第一章　医学信息检索概述 …………………………… 1
第一节　信息与信息检索知识 ………………………… 1
第二节　医学文献检索工具 …………………………… 15
第三节　图书馆资源利用 ……………………………… 19
第四节　医学信息及医学信息素养 …………………… 31
参考文献 …………………………………………………… 36

第二章　常用中外文期刊文献数据库检索 ……………… 38
第一节　中文医学文献信息检索 ……………………… 38
第二节　外文医学文献信息检索 ……………………… 58
参考文献 …………………………………………………… 73

第三章　特种医学文献信息资源检索 …………………… 74
第一节　学位论文检索 ………………………………… 74
第二节　会议文献检索 ………………………………… 78
第三节　专利文献检索 ………………………………… 84
第四节　标准文献检索 ………………………………… 89
参考文献 …………………………………………………… 98

第四章　专类医学文献信息资源检索 …………………… 99
第一节　药学文献信息资源检索 ……………………… 99

第二节　基础医学文献信息检索…………………………111
　　第三节　临床医学文献信息检索…………………………114
　　第四节　循证医学及证据检索……………………………118
　　第五节　医学图谱数据库检索……………………………123
　　参考文献……………………………………………………127

第五章　网络医学文献信息资源检索……………………………129
　　第一节　网络医学信息资源概述…………………………129
　　第二节　网络医学信息资源检索工具……………………133
　　第三节　医学专题资源的获取……………………………136
　　第四节　国内外主要医学信息网站………………………148
　　第五节　网络免费医学信息资源检索……………………152
　　参考文献……………………………………………………163

第六章　医学信息分析利用………………………………………165
　　第一节　医学文献信息分析………………………………165
　　第二节　医学信息利用……………………………………171
　　第三节　医学信息调查与研究……………………………175
　　第四节　医学论文的写作…………………………………179
　　第五节　个人文献信息管理………………………………193
　　参考文献……………………………………………………196

第一章 医学信息检索概述

21世纪的人类社会,是一个以知识、信息为核心的知识经济社会。一方面,社会经济的发展主要依赖于信息的获取和知识的积累与创新;另一方面,社会的发展也使新的技术和新的知识层出不穷,信息传播范围加大,知识更新速度加快,并影响到人类社会生活的各个方面。人们获取、鉴别、利用信息和知识的意识与能力比以往任何时代都更为重要。

第一节 信息与信息检索知识

一、信息、知识、情报和文献的定义与关系

(一)信息的定义与特征

1. 信息的含义

物质、能量与信息是人类生存和发展的三大要素。信息与人类的生产、生活密切相关,因此是现代社会使用最广、应用频率最高的词汇之一。进入21世纪以来,信息呈井喷状态涌现出来,正在被人们广泛地使用着,用来不断创造新的知识。

截止目前,人们对信息(Information)的定义尚未达成共识。科学文献中有关信息的定义已达上百种,人类知识体系中已有

50多门类信息学科,信息已成为一个泛化的概念。通过对大量信息理论的研究,信息的定义可从以下四个维度给出:一是以"信息不是什么"的维度为立足点,典型的有:控制论的创始人维纳(N. Wiener)认为"信息就是信息,既不是物质也不是能量";二是以功能的维度为立足点,典型的有:信息论的奠基者香农(C. E. Shannon)认为"信息是用来消除随机不确定性的东西";三是以载体的维度为立足点,把信息看作信号、数据、资料、情报、消息、新闻、知识等的总称;四是以从产生信息客观对象的维度为立足点,例如:信息是对客观世界各种事物变化和特征的反映,信息是事物运动的状态和方式,信息是被反映事物的属性,信息是事物的内容、形式及其发展变化的反映等。

国家标准《情报与文献工作词汇基本术语》(GB/T 4894-2009)中给出消息的定义是:"信息是物质存在的一种方式、形态或运动状态,是事物的一种普遍属性,一般指数据、消息中包含的意义,可以使消息中所描述事件的不确定性减少。"信息的产生、传递、接收是自然界和人类社会一种比较常见的现象,人类正是通过对多种信息的捕捉、感受、提炼、加工,来认识客观世界的。

2. 信息的特征

信息的特征体现了区别于其他事物的本质属性,主要表现在以下几个方面:

①客观性。信息具有客观性,不以人的意志为转移,并与物质、能量共同构成了事物的三个基本方面。

②依附性。又称寄载性,信息只有被各种符号系统组织为不同形式的符号序列,并最终依附于一定的载体上才有被识别、存贮、传递、显示与利用的可能性。

③传递性。又称共享性,经人类感知(捕捉、获取)的信息,可以通过各种方式,在各种载体或媒介的帮助下进行广泛传递,使信息在更大范围内被接收和利用。

④可知性。信息作为客观事物的反映,能够通过人的感觉被接受与识别,信息是人类认识世界的基础与前提。

⑤可再生性。又称可塑性,信息永远都在产生、更新、演变,是人类社会与自然界不可或缺的可再生资源。信息和知识的再创造也有效推进了经济的增长。

⑥时效性。又称动态性,信息在人们的使用过程中的时效性表现在信息的含义与价值随着时间迁移发生变化,这要求人们在获取、交流信息的过程中必须尽快完成,以便及时加以利用。

(二)知识的定义与特征

1. 知识的定义

知识是人类在改造客观世界实践过程中的科学总结,是人们对客观事物的理性认识。

反映自然现象和社会现象的信息只有经过加工,形成对自然和社会发展客观规律的认识,这种再生信息才构成知识。

2. 知识的特征

①实践性。知识来源于实践,同时对实践也有一定的指导作用。任何知识都跟人类的直接实践活动有关,即使从书本上获得的知识,也是前人实践经验的总结。

②科学性。知识的本质就是对客观事物运动规律的科学概括。离开了对事物运动规律认识的科学是一种伪科学,就无法再称其为知识了;对事物运动规律掌握得不够的认识过程,是知识不断完善、不断更新的过程。

③继承性。任何知识,既是实践经验的总结,同时也是前人知识的继承和发展。知识是一种实践-认识-再实践-再认识,以至循环无穷的发展过程。

(三)情报的定义与特征

1. 情报的定义

情报与信息在英语词汇中都是 information。关于情报,至今依然没有给其一个统一的定义。时至今日,情报究竟是什么,国内外对情报的定义仍然是众说纷纭。

著名科学家钱学森说:"情报就是为了解决一个特定的问题所需要的知识。"严怡民主编的《情报学概论》:"情报就是作为人们传递交流对象的知识。"事实上,情报是人们在一定的时间内为一定的目的而传递的有使用价值的知识和信息。

2. 情报的特征

①知识性。情报的本质就是知识,是一种新的知识。新知识的产生和旧知识的更替可以说体现了科学技术的发展,如创造发明、科研成果、新技术、新工艺、新设计、新产品、新理论、新事实、新决策等,都是新知识。没有内容或没有新的知识,都不能称之为情报。

②新颖性。情报必须是事物发展的最新知识报道,且要具有真实性和机密性。过时的、虚假的、没有经过加工提炼的知识,只是一种信息现象,与情报毫不相干。

③传递性。情报必须进行传递交流,虽然知识是情报的核心,但知识不传递仍然不能称为情报,有情不报,何以成为情报?情报的传递属性,体现在以下两个方面:一方面是它必须通过一定的物质形式进行传递;另一方面获得情报必须经过传递。如口传、手传、邮传、电话和电报传递、网络传递等,都是情报传递交流的不同手段。

④价值性。情报是一种有价值、有效用的知识,能使人们启迪思路、开阔眼界、提高识别客观事物的能力。没有价值的信息和知识,也不能称为情报。同时,它又是一个绝对的概念也是相

对的概念,一种信息或知识,只有对需要者来说才谈得上是情报。

(四)文献的定义及其组成

1. 文献的定义

"文献"一词在中国最早见于孔子的《论语·八佾》篇。

文献的定义"记录有知识的一切载体",是由1983年颁布的国家标准《文献著录总则》给出的。

2. 文献的组成

①有记录信息和知识的内容。文献一定要有内容。有人认为文献的内容是知识;也有人认为文献不仅是知识的记录,还可能是信息的记录,信息可能是知识,也可能人类对该部分还不够了解,但记录下来的信息则是文献;还有人认为文献中所记载的内容在本质上是人类社会所特有的观念信息。是"知识"还是"信息",或是"观念信息",暂且不对该问题做深入探讨,但是,知识信息作为文献的内容,是文献最基本的构成要素,这是认识文献的根本前提。

②有记录信息和知识的载体。文献是由一定的物质材料构成的客观存在物,只有物化在一定物质材料上的信息、知识才能构成文献。有人认为:信息是伴随物质世界的存在而产生的,信息的载体可以是任何客观存在的物质。比如说,把龟甲、兽骨、简牍、缣帛、纸张、磁带、光盘、胶片等当作文献载体的物质材料,在没有记录任何信息、知识之前,其本身就蕴含着一种时代特征的物质信息,如果这样就说它们是文献的话,就过于牵强了。因此,有记录信息、知识的物质载体也是文献的基本要素之一。

③有记录信息和知识的表现手段。记录的表现手段其实就是记录方式,有两种含义:一是指所采用的形式,例如,纸张型文

献采用文字、图形、符号,声像型文献采用声频和视频,计算机可读型文献采用代码;二是指记录所用的方法,例如,甲骨文的刻、钟鼎文的铸、纸质文的印刷、记录于感光片的摄影、存储于磁带的磁记录等。有人认为:"记录(制作)方式只是文献构成的基本条件,还算不上是其构成要素。"我们认为:作为文献的信息、知识内容必须借助于一定的表现形式(如文字、图形、代码、声频、视频等)并采用一定的记录方法(如手刻、抄写、印刷)才能依附于物质材料之上,如果不具备这种要素的话,那么文献的信息、知识内容与文献的物质载体就无法联系在一起而成为一个统一体,因而文献也就无从谈起了。所以,记录手段也是构成文献的基本要素之一。

④有记录信息和知识的呈现形态。文献的内容、载体、手段三大要素还不能构成文献的整体结构,比如说,一座建筑、一块门牌、一幅广告、一条标语,都可以说是一种信息、知识的载体,有记录内容,有记录手段,符合文献构成的三大要素,即使是这样,仍然不能说它们都是文献。我们认为:没有一定形态所呈现出来的东西还不能看成是文献,如果把建筑、门牌、广告、标语所记录的信息、知识内容看成是一种资料,并将其转化为另一种物质形态(如通过抄写、拍摄、复制等方式转化),经过有序化整理后所表现出来的实物(这时候的载体,如图书、期刊、缩微品等)才可以称之为文献。因此,文献的构成要素除"内容""载体""手段"外,还应有"形态",这四大要素的统一体才能构成文献的完整结构体系。

(五)信息、知识、情报与文献的关系

信息、知识、情报与文献从定义来看区别还是比较明显的,但从定义的外延上来看还是有一定联系的。知识来源于信息,是理性化、优化和系统化了的信息;情报是具有特定传递对象的特定知识或有价值的信息。信息包含了情报,情报是知识的构成部分,文献是它们的载体。

如果把文献作为获取知识和情报的信息源,它们的关系则是以文献为轴心的同心圆关系,即在文献中获取相关信息,又在信息中获取相关知识,最后在获取的知识中挖掘出有用的情报。它们的关系是:信息＞知识＞情报,如图 1-1[①] 所示。

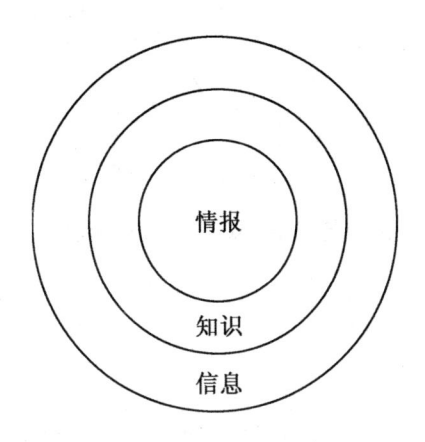

图 1-1　信息、知识、情报之间的同心圆关系

如果把文献作为获取知识和情报的信息渠道之一,那么它们的关系则是相互交叉的关系。因为对于某一学科而言,文献中含有该学科一定的信息、知识、情报;而该学科的信息、知识、情报有一部分是从文献中获取的,另一部分可从其他途径和渠道取得。从这个层面上来看,信息、知识、情报与文献的关系就是相互包容的关系,即文献中含有一定的信息、知识和情报,信息、知识和情报中包括有文献,如果是从文献中获得的信息、知识和情报,那就是文献信息、理论知识(书本知识)、文献情报。它们与文献之间的关系如图 1-2[②] 所示。

---

① 陈红勤等. 医学信息检索与利用[M]. 武汉:华中科技大学出版社,2014:4.

② 陈红勤等. 医学信息检索与利用[M]. 武汉:华中科技大学出版社,2014:5.

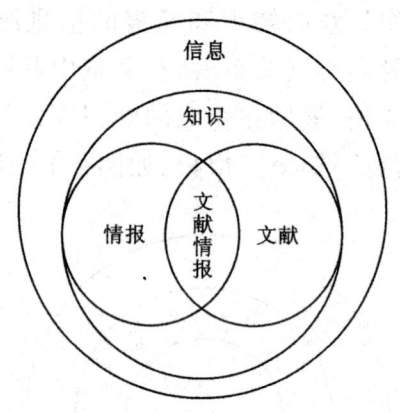

图 1-2 文献与信息、知识、情报之间的交叉关系

二、文献的类型

信息检索的主要对象就是文献,根据不同的划分标准,可将其区分为不同的类型。

(一)按文献载体类型进行划分

①书写型(Handwritten Form)文献,一般以纸张或竹简为载体,人工抄写而成,此类常见的文献如手稿、书法作品、医生写的病案记录、原始记录和档案等。

②印刷型(Printed Form)文献,指以纸张为载体,以印刷术为记录手段,以文字为符号,记录知识的一类载体,如纸质图书、期刊等。其优点是阅读起来比较方便,可广泛流传;缺点是体积大,存储密度低,占用空间多,易受虫蛀、水蚀,长期保存有一定的问题。

③缩微型(Micro Form)文献,是以感光材料为载体,用摄影技术把文献的体积缩小,记录在胶片上。其优点是体积小、容量大、成本低、保存时间长、便于复制、携带;缺点是不易阅读,必须借助专门的阅读机才能够使用。目前,缩微胶卷(Microfilm)和缩微平片(Microfiche)是使用频率最高的。

④视听型(Audio-visual Form)文献,是指记录声音和图像的文献,包括唱片、录音带、幻灯片、录像带等。其优点是能听其声、观其形,直观度和真切感比较强,便于视听型理解、掌握,容易保存,可以反复使用;其缺点也是必须借助录音机、录放机等设备才能使用。

近年来,电子型文献的迅速普及导致了缩微型、视听型文献的利用逐渐减少。

⑤电子型(Electronic Form)文献,又叫机读型文献。这种文献以数字形式将信息存储在磁带、磁盘、光盘或网络等介质上,并通过计算机或远程通讯进行阅读。其信息存储密度和存取速度都比较高,并具有电子加工、出版和传递功能。主要包括电子期刊、电子图书及各种类型的数据库等。

电子出版物的问世是信息时代的重要标志,书刊的物理形态不仅因此而改变,且一种新的信息传播渠道也随之得以开辟,使文献信息的传递效率得以有效提高,社会信息化的进程也因此而加快。目前,电子型文献信息正以其容量大、形式多、出版快、成本低,以及检索、阅读、复制便捷等独特的优点为越来越多的人所接受和利用。

电子出版物的出现是社会信息化的一个里程碑,其发展前景非常广阔。但它的产生并不意味着对其他信息载体的完全取代,各种载体将在相当长的时间内共存,相互补充,发挥各自的优势,共同促进信息的繁荣与人类的文明。

(二)按文献出版形式进行划分

①图书(Book)是现代出版物中最常见的一种类型。图书是经过著者对原始材料加以选择、鉴别和综合之后写成的,是生产技术和科技成果的概括和总结。其内容比较成熟、系统、全面、可靠。如果想获得某一学科全面、系统的知识或对陌生的学科知识进行了解,阅读图书可以说是一个行之有效的办法。图书出版周期比较长,信息传递较慢。

图书可分为两大类：一类是供读者阅读的图书，包括专著(Monograph)、教材(Textbooks)；一类是供读者查阅的图书，即工具书(Reference Book，Reference Source)。

书名(或题名)、著者(或责任者)、出版地、出版者、出版时间、版次、总页数、ISBN号、价格等，这些都是图书所具有的一般外部特征。

②科技期刊(Journal Periodical)一般是指采用统一名称(刊名)、版式，定期或不定期出版的连续性出版物(Serials)，有连续的卷、期号。期刊在内容上大都由单篇文章组成，各有专题，相互之间是独立存在的。期刊的出版周期短，报道速度快，内容新颖，信息量大，传播面广，时效性强，取得容易，是传播科技信息的重要工具。相关调查数据显示，科技人员从期刊中获得的科技信息，约占其从所有文献中获得信息的70%。所以科技期刊在文献信息资源中占有的地位是不可忽视的，是十分重要的和主要的信息资源和检索对象。

期刊的类型：按学科范围可分为综合性期刊和专业性期刊；按出版规律分为定期期刊和不定期期刊，定期期刊又有周刊、半月刊、月刊、双月刊、季刊、半年刊等；按期刊内容性质分为学术性期刊、资源性期刊、快报性期刊、消息性期刊、综论性期刊、科普性期刊；按图书馆收藏时间分为现刊和过刊。

期刊名、出版者、出版时间、期卷号、国际标准刊号ISSN(International Standard Serial Number)、国内统一刊号(CN)、邮发代号、价格等，这些为期刊的外部特征。

③核心期刊(Core Journal)是指刊载某学科文献密度大，载文率、被引用率及利用率处于较高水平的，且本学科专家和读者对其关注度比较高的期刊。是否为核心期刊也是读者选择阅读、作者投稿、学术评价的重要参考指标。对期刊的评价和认定是一项复杂的工程，一般认为，被国际三大索引，即美国科学引文索引系列(包括SCI-E、SSCI、A & HCI)、会议录文献索引(CPCI-S)以及工程索引(EI)收录的期刊即为核心期刊。对于

国内出版发行期刊的认定还没有一个统一的规范。

④特种文献(Special Publications)是指出版形式比较特殊的文献的总称,包括学位论文、会议文献、专利文献、标准文献以及政府出版物、技术档案和产品资料等。这类文献既非图书也非期刊,有的具有法律性,有的具有保密性,有的是内部出版,是一类比较特殊,但情报价值比较高的文献。

(三)按对知识加工深度进行划分

①一次文献,即原始文献,是作者根据自己的工作或研究成果(如科学实验、临床观察与分析、调查研究等的结果)而写成的文章,也可称为原始论文。一次文献所记录的是作者的最新发现或发明,以及新的见解、理论、方法等新颖、具体而详尽的知识,因此其特点是内容有创新性,含有一些新的见解与理论,代表了科学技术的进步。一次文献是对知识的第一次加工,是信息的基础。

专著、期刊论文、研究报告、会议录、专利说明书、学位论文、病历档案等这些都是一次文献的来源。

②二次文献,又称检索工具,是对一次文献进行收集、分析、整理并按其外表特征或内容特征(篇名、作者、作者地址、刊名、出版年、卷、期、页、分类号、内容摘要等),按一定的规则加以编排,形成供读者检索一次文献线索的新的文献形式。二次文献帮助人们迅速获得大量的文献信息。

目录、索引、文摘等均为二次文献。

③三次文献,是科技人员在利用二次文献的基础上,就某一专题的大量一次文献进行阅读、分析、归纳、整理,进行概括,重新组织、加工写成的文章,可供人们了解某一学科或专题历史发展状况,最新研究进展,未来发展趋势,对科学研究具有指导意义。有关该专题的大量参考文献在篇末附着,为读者提供了该专题的主要参考文献线索,因此又具有文献检索工具的功能。

综述、评论、述评、进展、动态、年鉴、指南,以及各类词典、手册、百科全书等,这些均为三次文献。信息含量大、综合性强和参考价值大等均为三次文献的特点。

从以上讨论的内容可以知道,从一次文献到二次文献、三次文献的过程是一个由博到精,由分散到集中,由无组织到系统化的过程。一次文献是检索的对象;二次文献是存储文献、报道文献和检索文献的工具,是查找原始文献的线索,但不能代替原始文献;三次文献是信息调研的结果,是经过集中和浓缩的文献,虽然为使用文献提供了方便,但要全面了解情况,一次文献的使用仍是避免不了的。

显而易见,不同级次文献的性质和用途是有一定差异的,可根据不同的需要及条件来进行选择。例如要系统学习某一学科知识或了解某一课题研究发展状况,可着重阅读图书、期刊、会议报道等原始文献;要搜集专题文献或查找有关文献的线索,可利用二次文献(检索工具)查找;要了解学科的最新动态和进展,则可阅读相关学科专家的综述、述评、进展等三次文献。

④零次文献,一般认为是尚未用文字记录的信息,或没有正式发表的文字材料,例如实验数据、口头信息、实物信息、书信、手稿、笔记、记录等。

三、文献信息检索概述

(一)文献信息检索的定义

文献信息检索,简而言之,就是查询文献信息的过程,即根据一定的检索目的,选择有关的检索工具和检索系统,按照一定的检索途径、方法和步骤,在海量文献信息源中迅速、准确地查找所需的文献信息的过程。

医学信息检索,是指在医学科技文献中,利用相关的检索工具和检索系统,按照一定的检索途径和方法查询与医学相关的文献信息资料的过程。

(二)文献信息检索的原理

文献信息检索的原理,就是通过对大量的、分散的、无序的文献信息进行搜集、加工、组织、存储,使各种各样的检索系统得以建立,借助于一定的手段和方法,使信息存储和检索这两个过程所采用的特征和表示达到一致,以便有效地获得和利用信息。其中,存储是检索的基础,检索是存储的目的,即文献信息采取什么方法存储进去,就需要再借助于该方法把它查找出来。文献信息存储和检索的全过程如图 1-3① 所示。

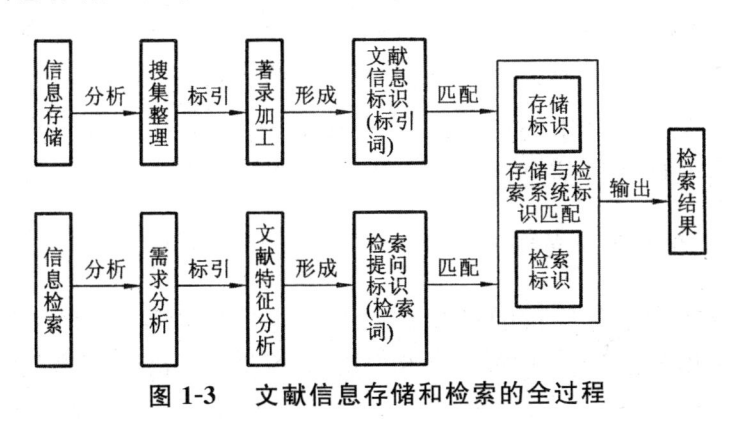

图 1-3　文献信息存储和检索的全过程

(三)文献信息检索的类型

时代的发展和科学技术的不断进步也促进了文献信息检索的不断发展。文献信息检索经历了手工检索、联机检索、光盘检索、网络检索和智能化检索等不同阶段。根据文献信息检索内容和目的,文献信息检索可分为文献型信息检索、事实型信息检索和数据型信息检索三类。

---

① 陈红勤等. 医学信息检索与利用[M]. 武汉:华中科技大学出版社,2014:9

1. 文献型信息检索

文献型信息检索是指利用检索工具或检索系统查找文献的过程,包括文献线索检索和文献全文检索。文献线索检索是指利用检索工具或检索系统将文献的出处查找出来,检索结果是文献线索,包括书名或论文题目、著者、出版者、出版地、出版时间等文献外部特征。用于检索文献线索的检索工具有书目、索引、文摘及书目型数据库和索引、题录型数据库。全文检索是以文献所含的全部信息作为检索内容,即检索系统存储的是整篇文章或整部图书的全部内容。检索时跟原文及有关的句、段、节、章等文字均可以被查找到,并可进行各种频率统计和内容分析。全文检索主要是用自然语言表达检索课题,在某些参考价值大的经典文章中使用的比较多,如各种典籍、名著等。全文检索是当前计算机信息检索的发展方向之一。

2. 事实型信息检索

事实型信息检索的检索对象是特定的客观事实,借助于提供事实检索的检索工具与数据库进行检索。其检索结果是基本事实,如某个字、词的查找,某一诗词文句的查找,某一年、月、日的查找,某一地名的查找,某一人物的查找,某一机构的查找,某一事件的查找,某一法规制度的查找,某一图像的查找,某一数据、参数、公式或化学分子式等的查找。一般说来,事实检索使用词语性和资料性工具书的比较多,包括字典、词典、百科全书、类书、政书、年鉴、手册、名录、表谱、图录等;也可利用某些线索性工具书,如索引、文摘、书目,以及利用学科史著作、科普读物等。

3. 数据型信息检索

数据型信息检索是一种确定性检索,是以数值或图表形式表示的数据为检索对象的信息检索,又称"数值检索"。检索系统中存储的是大量数据,这些数据既包括物质的各种参数、电话号码、银行账号、观测数据、统计数据等数字数据,也包括图表、图谱、市场行情、化学分子式、物质的各种特性等非数字数据。

第二节 医学文献检索工具

文献检索工具是指按照一定的方法编制起来,用于报道、存储和查找文献情报线索的工具,具有存储文献、报道文献和检索文献的作用。它通过对一次文献进行加工,将反映文献外部特征的题名、著者、来源出处等项目进行标引,采用分类号、主题词、文献序号、代号代码等对所著录的文献加以标识,并按照一定的规则和方法编排组织在一起形成二次文献。根据这些标引项和标识,提供多个检索入口,还编制各种体系的索引,如分类索引、主题索引、著者索引、号码索引等,从而提供多种检索手段。利用文献检索工具可以从海量的文献中迅速找到所需文献。

文献检索工具种类繁多,质量各不相同,其质量受多方面因素的影响,如收摘报道文献的数量,报道文献的质量保证,收摘报道文献的及时性,索引体系的完善程度,对文献的标引深度等。一般而言,好的文献检索工具应具备以下两点:存储内容广泛全面,检索手段迅速准确。

一、文献检索工具的类型

文献检索工具的类型众多,各有特点,各种文献信息检索需求均能够得到满足。根据不同的标准,有多种分类方法,按其检索方式的不同,可分为手工检索工具和计算机检索工具;按其收录范围的不同,可分为综合性检索工具、专业性检索工具、单一性检索工具;按其出版形式的不同,可分为期刊式检索工具、单卷式检索工具、附录式检索工具、卡片式检索工具、缩微式检索工具、胶卷式检索工具、机读式检索工具；按其著录格式的不同，可分为目录、文摘和索引，下面仅按该分类方法进行阐述。

（一）目录

目录又称书目，是把一批著录相关文献的款目按照一定次序编排而成的报道和检索文献的工具。它通常以书或刊作为目录的基本单位，只揭示出版物的外部特征，如出版物名称、著者、出版项（出版者、出版时间、版次和页数、开本、定价等）、出版单位以及其他一些外部特征，这样做是为了揭示和报道馆藏文献，为利用者提供有关文献的情报。目录能够反映一定历史时期科学文化发展的概貌，为科学研究提供所需文献情报的线索，推荐文献并指导阅读，为完成各项图书情报业务活动提供可靠的数据。

目录的类型也比较多，按其职能划分有国家书目、出版社目录、专题文献目录、馆藏目录及联合目录，按收录文献种类划分有图书目录、报刊目录、标准目录、专利目录等。题名目录、著者目录、分类目录和主题目录这些都是图书馆常用的目录。

（二）文摘

文摘是对文献内容所做的简略确切的描述，对原文的解释、评论和补充这些都不包含在内，是文献数量迅速增长的产物。作为检索工具的文摘是除对文献的外部特征进行描述外，还对文献的内容特征作较深入的报道，即带有文献的内容摘要，是二次文献的核心。文摘型检索工具在揭示报道文献的深度及实用性等方面比目录更优秀，读者通过文摘可以迅速了解文献的主要内容，进而判断出是否采用该文献。

文摘按其内容的详略程度，可分为指示性文摘和报道性文摘两种。指示性文摘概略地摘录原文献中的主题、目的、体系、观点和方法等，仅供读者了解原文的主题内容，在此基础上来帮助读者判断是否需要阅读原文。报道性文摘是对原文献内容的浓缩,基本上能反映原文的内容。

(三)索引

索引是指记录和指引文献事项或单元知识,按一定系统组织起来的检索工具,由索引款目和索引参照系统构成。它立足于目录的广泛使用,为适应在更深、更广的程度上检索文献的要求而产生的。它将各种描述文献外部特征的信息(如题名、著者、主题、人名、地名等),分别摘录出来作为排检标识,注明出处页数,按字顺或分类排列,附在一书之后或单独编辑成册,供使用者检索之用。索引能满足多途径检索的需求,检索效率也因此得以提高。区别于目录的是,索引是对出版物内的文献单元、知识单元、内容事项等的揭示并注明出处的检索;目录是以"本"、"种"文献为单元的检索。

索引有多种类型,按文献来源进行划分的话,有图书索引、期刊索引、报纸索引等;按文献外部特征进行划分的话,有书名索引、刊名索引、篇名索引、著者索引、引文索引等;按代码特征进行划分的话,有标准号索引、专利号索引、报告号索引、合同号索引等;按出版方式进行划分的话,有书本式索引、期刊式索引;按文献内容进行划分的话,有分类索引、关键词索引、主题词索引等;按特殊用途进行划分的话,有人名索引、地名索引、药名索引、动物植物名称索引等。分类索引、主题索引、关键词索引、著者索引等均为常见的索引类型。

二、文献检索工具的结构

文献检索工具的结构是指内容安排的框架层次,了解其结构对更好地掌握其使用方法非常有帮助。文献检索工具类型多样,但其基本结构差别不大,一般包括以下五个部分。

（一）使用说明

使用说明是为帮助使用者了解和使用该检索工具而编写的，为使用者提供必要的指导，是检索工具结构中至关重要的组成部分。其内容一般包括编制目的、方法和原则，使用范围，收录年限，著录格式，查找方法及注意事项，使用的代号说明等。在利用文献检索工具之前要了解使用说明，对检索效率和检索质量的提高非常有帮助。

（二）目次表格

正文的缩影和总览即为目次表格，反映了主体部分的排列结构，正文各部分的名称和排行次序及所在页码均可由它揭示出来。

（三）正文部分

正文部分是检索工具的主体部分，是检索的具体对象。由按一定规则排列的一篇篇文献条目组成，为检索者提供了判断文献内容是否符合检索提问要求的依据以及获取原始文献的线索。文献条目是描述文献外表特征和内容特征的著录，由如篇名、著者、文献来源等相关各著录款目组成。对每篇文献条目都给予一个特定的文献条目指引符号，该符号同时起到标明文献条目的位置和排检顺序的作用，如文摘号等。检索工具质量高低是由文献条目编排的科学性来决定的。

正文部分的组织编排方法主要有：按内容分类、按主题字顺、按文献题名字顺、按作者姓名字顺、按文献代码顺序编排等。

（四）索引部分

文献检索工具正文部分常常提供的只是一种检索方式，检索效率非常有限。为了扩大检索途径、提高检索效率，检索工具一般都编有索引，如主题索引、著者索引、专利索引、分子式索引等。索引部分由文献中具有检索意义的外部特征和内容特征,用某种检索语言标引而成的检索标识组成。索引种类越多,则检索途径越多,检索效率越高,因此索引是体现文献检索工具功能的重要标志。

(五)附录部分

附录部分是文献检索工具内容的必要补充,通常收录文献类型、引用文献目录、术语缩写、语种对照、译名、计量单位、元素周期、文献收藏单位等内容都包含在内。附录为用户检索文献提供方便条件和必备的参考资料,有助于更好地利用检索工具中的著录内容,同时文献检索范围的扩大和文献检索效率的提高也可借助于此来实现。

三、常用医学文献检索工具简介

题录式和文摘式是国内比较常见的医学文献检索工具。

题录式检索工具主要包括:《中文科技资料目录》(医药卫生)、《国外科技资料目录》(医药卫生)、《全国报刊索引》等。

文摘式检索工具主要包括:《中国医学文摘》、《中国药学文摘》、《中国生物学文摘》、《国外医学》、《中国生物医学文献数据库》(China Biology Medicine,CBM)、《中文生物医学期刊文献数据库》(Chinese Medical Current Contents,CMCC)等。

第三节 图书馆资源利用

一、图书馆文献资源类型

图书馆文献资源是根据图书馆的性质、任务、读者范围与需求,在一定的标准指引下,精心采集、整理、加工、保存,以提供读者利用的出版物总和。图书馆文献资源是一个复杂的集合概念,是由许多不同出版形式、不同类型和一定数量的文献组成的一个有机整体。图书馆文献资源的重要组成部分是各种出版物、专业数据库和网络信息。

(一)印刷型文献资源

印刷型文献,是指文献信息是以纸质材料为载体,以印刷为手段记录文字信息内容的文献类型。它是一种传统的文献类型,目前仍是出版物的主要形式,也是大多数图书馆收藏文献的主要类型。其优点是使用方便,便于携带;缺点是体积大,占用空间多,其机械化、自动化的识别和收集难以实现,整理存储需花费较大的人力和物力。印刷型文献包括图书、期刊、报纸、资料等。

1. 图书

图书,是正式出版并具有一定篇幅的非连续出版物。图书在印刷媒介中历史最为久远,是文献信息的主要传播媒体,也是图书馆收藏的主要出版物。图书结构严谨,层次分明,内容比较系统、全面、成熟、可靠,但由于出版周期较长,传递信息速度较慢,因此其时效性欠佳。图书主要有以下三种类型:

①教科书。教科书也称教材,是指按照教学大纲的要求编写的教学用书。按使用对象进行划分的话,可分为小学教科书、中学教科书和高等学校教科书。高等学校教科书内容较为专深,其学术参考价值比较高,常受到各类图书馆的重视。

②专著。专著是指针对某一专门题目分章节做出系统深入全面叙述的一种著作,是著者对某一学术领域的独到见解。如我国传统医学四大经典著作《黄帝内经》《伤寒论》《金匮要略》《温病条辨》。

③参考工具书。参考工具书是指汇集某一范围知识资料、按特定方式编排,供人们学习参考使用的综合性书籍。年鉴、辞典、百科全书、手册、名录、图谱等均为常见的参考工具书。

2. 期刊

期刊(又称杂志),是一种定期或不定期的连续出版物。期刊的内容新颖,出版周期短,论文发表周期快,信息量大,能在短时间内反映出世界科技先进水平。医学期刊是以医学和与医学相关学科为内容的情报载体,汇集着医学工作者的临床经验和工作成果,反映了医药学的进展及水平,是医药学研究的重要情报来源。

医学类检索工具期刊,中文常见的有:《中文科技资料目录:医药卫生》、《中文科技资料目录》、《中草药》、《中国医学文摘》、《中国生物医学文摘》、《中国药学文摘》、《全国报刊索引》;外文常见的有:美国《化学文摘》(Chemical Abstracts,CA)、美国《生物学文摘》(Biological Abstracts,BA)、美国《医学索引》(Index Medicus,IM)、荷兰《医学文摘》(Excerpta Medica,EM)、美国《科学引文索引》(Science Citation Index,SCI)等。

3. 报纸

报纸的名称是固定的,以刊登各类消息为主的出版周期较短的定期连续出版物。具有内容新颖、报道速度快、出版发行量大、受众面范围广等特点。

4. 资料

资料为不定期出版,多数具有连续性。收集渠道多通过交换和索取办法获得。常见的资料有科技报告、会议文献、学位论文、标准文献、产品资料、专利文献、技术档案以及政府出版物等。

(二)数字型文献资源

数字型文献资源(简称数字资源),是指一切以数字信息方式存在的文献资源。随着科学技术的不断发展,单一纸质载体无法满足信息载体的需求,于是出现了将有知识性、思想性内容的信息编辑加工后存储在固定物理形态的磁、光、电等介质上的电子出版物。如电子图书、电子期刊、电子报纸、声像资料、学术文献数据库等。电子文献具有涵盖广泛、形式多样、信息丰富、种类齐全、检索便捷、利用方便等特点,与纸质文献资源互为补充。

(三)网络文献资源

网络文献是指借助信息技术而存在于因特网上形式比较特殊的文献。网络文献作为一种新的信息载体,其形式丰富,有文本型、声音型、图像型等。网络文献信息资源多种多样,并实现了全球文献信息资源的共享和交流,这类文献资源已逐渐成为科研工作中不可忽视的重要信息源。利用网络资源指南及搜索引擎可以说是查找网络文献的最好方法。

二、馆藏书刊排架与目录查询

在高等学校图书馆中,图书与期刊仍然是文献利用的两大主体。图书馆的书刊都是经过科学的组织和整理,按照一定的顺序排列在书架上。只有了解并熟悉图书、期刊的分类及排架规则,图书及期刊的快速准确查找才能够得以实现。

(一)图书分类与排架

1. 图书分类法

图书分类,是指按照一定的思想观点,根据图书内容的学科属性或其他特征,进行逻辑划分和系统排列组成的分类体系,以便把内容、类型相同的图书集中存放在一起,把内容相近的图书放于相邻位置。《杜威十进分类法》、《国际十进分类法》、《美国国会图书馆分类法》等是国际上比较著名的图书馆分类法。《中国人民大学图书馆图书分类法》、《中国科学院图书分类法》《中国图书馆分类法》是我国文献的主要分类方法,其中以《中国图书馆分类法》使用最为普遍。

《中国图书馆分类法》(原称《中国图书馆图书分类法》)是新中国成立后编制出版的一部具有代表性的大型综合性分类法,是当今国内图书馆使用最广泛的分类法体系,简称《中图法》。《中图法》初版于1975年,2010年出版了第五版。

《中图法》根据图书资料的特点,按照从总到分,从一般到具体的编制原则,确定分类体系,在五个基本部类的基础上,组成22个大类。《中图法》以字母和阿拉伯数字相结合的混合号码作为标记符号,采取层累制,以号码的位数反映类目的级别。五大基本部类为:马、列、毛泽东思想,哲学,社会科学,自然科学,综合性图书。至于22个基本大类构成分类表的第一级类目在此不再一一列出。

《中图法》由基本大类与其直接展开的一、二类目形成类目表。如在"R医药、卫生"这一级类目下又分出17个二级类目。

为适应工业技术发展及该类文献的分类,对工业技术二级类目,采用双字母。如TN无线电电子学、电信技术、TP自动化技术、计算技术。

2. 图书排架

图书馆藏书室采用的是分类排架,即根据图书的分类体系进行排架。图书馆的每本图书都标有该书的索书号,索书号是图书分类排架的符号,是由分类号和书次号共同构成。每一本图书在架上都有一个明确的位置,取阅、归架和管理起来比较方便。图书排架一般先按分类号顺序排列,分类号相同,再按书次号顺序排列。架上书序排号自左向右由小至大,由上至下连接,书架与书架之间,呈"S"型迂回绕架连接。例如自动化技术、计算机技术这一类图书的排序依次为:TP13;TP14;TP15;TP2;TP211;TP211.51;TP23;TP233;TP3……读者可根据图书的索书号准确地查找自己所需图书在书架上的位置。

(二)期刊分类与排架

期刊采用多种排架法,通常是用由两种以上的排架法组配而成的复合排架法排列。例如,大多数图书馆按期刊的语种分开管理,中文期刊通常采用刊名的第一个字的汉语拼音顺序排列,西文期刊按刊名的首字母排列;有的图书馆按学科分类排架。过刊合订本的同一种期刊则按其出版年代顺序依次进行排架。

(三)馆藏目录查询

传统图书馆目录都是卡片式目录,是由很多目录卡按照一定的规则组织起来的,可通过卡片体现出每一种特定的图书资料。20世纪90年代,随着图书馆现代化技术应用的普及,图书馆的"联机公共查询目录"(Online Public Access Catalogue,OPAC)逐渐取代了卡片式目录。全国各大高校图书馆、公共图书馆以及研究机构图书馆大都向公众开放了各自馆藏书目查询系统,通过因特网可以方便地进入图书馆的OPAC系统,获知图书馆的收藏信息,使文献资源的利用率得以有效提高。OPAC又可分为馆藏目录查询系统和联合目录查询系统。

1. 馆藏目录查询系统

图书馆馆藏目录,是查询图书馆文献收藏情况的检索工具,是对图书馆馆藏资源(图书、期刊、音像资料、计算机光盘等)的简单描述。馆藏目录的检索途径一般有著者、分类、题名(书名和刊名)、关键词、主题词、ISBN(国际标准图书编号)、ISSN(国际标准连续出版物编号)、索书号等。文献的书目信息、馆藏位置、流通情况、复本情况等均为馆藏目录的检索结果。

2. 联合目录查询系统

鉴于人力、物力的局限性,单个图书馆不可能收集所有的文献。解决读者需求无限性和馆藏有限性的矛盾,有效的方法就是在图书馆间建立合作机制,实现资源共享。实现资源共享的前提是建立反映多个图书馆馆藏的联合书目,就是在一个共同的目录中将多个图书馆的馆藏信息都反映出来,通过联合目录查询,让读者和图书馆工作人员迅速查找哪些图书馆拥有自己需要的资源,在此基础上开展馆际互借,读者就可以得到更多、更全面的文献信息。

联合目录包括全国联合目录、地区联合目录、联盟联合目录等多种形式和不同层次。如全球最大、美国大学普遍参与的联合 OCLC 联机目录系统 WorldCat 数据库(http://www.worldcat.org/),它包含了 OCLC 1 万多家成员图书馆的馆藏信息;我国联合目录 CALLS 联合公共目录、全国期刊联合目录、北京地区联合目录等。

三、图书馆电子图书利用

电子图书(Electronic Book,E-Book),又称数字图书,是在数字技术的基础上生产的电子出版物。电子图书是以电子文件的形式存储在各种磁盘或电子介质中,支持的格式有 TXT、HTML、DOC、HLP、PDF 等,阅读时要借助于一定的设备和特定的应用软件。

(一)电子图书的特点

电子图书信息量丰富,携带和阅读起来都比较方便,不需要办理借阅手续,不受时间、空间限制,随时都可以在网上阅读,电子图书可以无成本任意复制,便于传播、扩散和共享。

(二)常见电子图书服务系统

目前,国内重要的大型中文电子图书服务系统有:超星数字图书馆、书生之家数字图书馆、方正 Apabi 数字图书馆和中国数字图书馆等。

1. 超星数字图书馆

超星数字图书馆(http://book.chaoxing.com 或 http://www.ssreader.com/)由北京世纪超星信息技术发展有限责任公司研发,是目前世界最大的中文在线数字图书馆,是国家 863 计划中国数字图书馆示范工程。超星电子图书按照"中图法"进行分类,目前拥有以超星图文资料数字化技术(PDG)制作的数字图书一百万余种,是国内数字图书资源最丰富的数字图书馆。

普通用户通过互联网可以部分免费阅读超星数字图书馆中的图书资料,凭超星读书卡可将数字图书下载到用户本地计算机上进行离线阅读。高校用户可以登录校园网,进入图书馆网站点击超星数字图书馆链接,即可打开超星数字图书馆镜像站点,实现对本馆购买电子图书的搜索、阅读、下载和打印。超星数字图书馆提供分类浏览和书名、作者等字段检索功能,采用专用阅读软件超星阅读器(SSReader),用户安装阅读器后才能阅读电子图书。

2. 书生之家数字图书馆

书生之家数字图书馆(http://edu.21dmedia.com 或 http://www.21dmedia.com)是建立在中国信息资源平台基础之上的综合性数字图书馆,由北京书生数字技术有限公司开发制作,目前能够提供的在线阅读服务有几十万种电子图书。图书内容涉及各学科领域,较侧重教材教参与考试类、文学艺术类、经济金融与工商管理类图书。该图书馆电子图书设有四级目录导航,与此同时,还提供了强大的全文检索功能。用户登录书生之家数字图书馆镜像站点,即可进行在线阅读,或把图书借阅到本地阅读。可以按图书名称、出版机构、关键词、作者、丛书名称、ISBN号、主题和提要等途径查阅图书;系统还提供了分类浏览、图书全文检索、组合检索和高级全文检索等多种检索方式。有一点需要注意的是,书生之家电子图书必须使用书生图书阅览器阅读和下载。

3. 方正Apabi数字图书馆

方正Apabi数字图书馆(http://ebook.lib.apabi.com)由北大方正电子有限公司制作,目前收录电子图书达70万种,2000年以后出版的图书是其收录的重点,涵盖了社会学、哲学、经济管理、文学、生物、军事等领域。提供分类浏览;可通过图书的书名、责任者、主题词/关键词、摘要、出版社、年份、全文等检索途径来检索图书;高级检索可将多个检索项组合检索。电子图书全文阅读使用方正Apabi数字图书阅读器,其具有阅读、下载、收藏等功能。如果用户不想借阅所需的图书,可以在线阅览;如果有用户所需的图书,预约借阅或借阅均可实现。

4. 中国数字图书馆

中国数字图书馆(http://www.d-library.com.cn/)由中国数字图书馆有限责任公司创建,所有的数字图书均按中图法进行分类,内容涉及社会科学、自然科学、理工农医等所有类别,满足读者在网上阅读中文图书的需求。提供图书阅读、检索、打印和下载等功能。

5. 读秀知识库

读秀知识库(http://www.duxiu.com/)是超星公司的产品之一,由海量全文数据及元数据组成超大型数据库。将图书馆纸质图书、电子图书、期刊、报纸、学位论文、会议论文等各种学术资源整合于同一数据库中，收录中文图书全文290多万种，150万种图书原文、6亿页资料、2亿条目次。实现了图书的目录章节检索、部分全文试读，文献传递等多种功能。实现了各种异构资源在同一平台的统一检索，为读者学习、研究提供较为全面准确的学术资料和获取知识资源的捷径。

四、图书馆参考工具书利用

(一)参考工具书及其作用

参考工具书是根据一定的社会需要，广泛汇集某一学科范围的知识信息，以特定的编排形式和检索方法，为人们在短时间内提供基本知识或资料线索，专供查阅的特定类型的图书。包括词典、药典、百科全书、年鉴、手册、名录、图谱、指南等。我们在学习、工作和研究中都离不开工具书，参考工具书为我们指示读书门径、提供参考资料、掌握科研信息、解决疑难问题和节省时间精力，可以起到事半功倍的作用，使学习和工作效率得以有效提高。

(二)参考工具书的类型

参考工具书的种类繁多，根据编排目的、收录内容和功能用途的不同，分为不同的类型。常见的类型有：

1. 词典

词典(又称辞典)是汇集语言和事物名词等词语，解释词义、概念和用法，并按一定次序编排，以备查检的工具书。词典是一种常用的工具书，收词广泛、提示简要、编排科学、查检方便是其最大特点。例如《康熙字典》《辞源》《辞海》《汉语大字典》《新华字典》《英汉大词典》《医学词典》《中药大词典》和《协和医学词典》等。

另外,药典是一种用途特别的专业词典,是国家记载药品标准、规格的法典。如《中华人民共和国药典》《美国药典》等。

2. 百科全书

百科全书是汇集人类一切学科门类或某一学科门类全部知识的工具书。采用词典的形式编排,以概述为主,收录各科专门名词、术语,分列条目,详细解说,比较完备地介绍文化科学知识,所反映的知识,既有查考性,又有教育性。百科全书有综合性和专门性之分,例如《中国大百科全书》《不列颠百科全书》《美国百科全书》《苏联大百科全书》《世界大百科事典》《中国医学百科全书》和《工程技术百科全书》等。

百科全书在规模和内容上均超过其他类型的工具书,有"没有围墙的大学"和"工具书之王"之称。百科全书的主要作用是供人们查检必要的知识和事实资料,帮助人们便捷、系统地获得各种所需知识和资料,扩大视野。

3. 年鉴

年鉴,是一种系统汇集一年内重要时事文献、学科进展与各项统计资料,按年度出版的资料性工具书。年鉴被称为"微型百科全书",既是各类动态性资料和实事、数据的综合性查考工具,也是编制百科全书类工具书的基本信息源。例如《中国百科年鉴》《不列颠百科年鉴》《中国统计年鉴》《中国教育年鉴》《中国医药年鉴》《中国药学年鉴》和《中国内科年鉴》等。

通过查阅年鉴可达到以下目的:及时可靠地提供近期资料;指出事物的发生和发展过程和趋势;反映历史的发展沿革。

4. 手册

手册是将某一学科或专业领域基本的既定知识和实用资料简明扼要地概述出来的一种工具书。常以叙述和列表或图解方式来表述内容,并针对专业学科汇集经常需要查考的相关事实、数据、公式、符号、术语以及操作规程等专门化的具体资料。例如《化学物理学手册》《数学手册》《人体正常值手册》《医学实用数据手册》《临床生化检验诊断手册》《内科手册》和《常用药物手册》等。

手册具有信息密集、编排科学、内容及时和查检容易的特点,其直观、简洁,携带方便,查检方便、快捷,实用性强。

5. 名录

名录是一种系统收录组织机构、人名、地名的简要工具书。名录提供政府部门、学术团体或学术机构、工厂企业的名称和地址、概况,有时也提供机构、学术团体的宗旨、出版物和机构负责人等信息,其编排是按分类或字顺来进行的。例如《中国高等学校大全》《世界名人录》《医学国际名人录》《中国卫生系统通讯录》《中国图书馆名录》和《中国科研单位名录》等。

6. 图谱

图谱是以图像或表格形式记载和揭示事物的工具书。直观形象和简明清晰是图谱区别于其他工具书的特点。例如有《人体解剖彩色图谱(英汉对照)》《针灸穴位解剖图谱》《神经系统MR诊断图谱》《全国中草药汇编彩色图谱》《中国医史年表》和《外科手术图谱》等。

(三)网络参考工具书

网络参考工具书,又称在线参考工具书或虚拟参考工具书。随着因特网的不断发展和普及度越来越高,网上涌现出越来越多的各种类型的网络版参考工具书,它们具有信息量大、检索途径多、更新速度快、便于查询和使用等优点。如在线字典、词典、百科全书、年鉴和手册、图谱、机构名录和传记资料等。常用的网络参考工具书有:英汉在线词典(http://www.tigernt.com/dict.shtml)、英汉医学词典(http://www.esaurus.org)、维基百科（http://zh.wikipedia.org/）、百度百科（http://baike.baidu.com/）、不列颠百科全书（http://www.eb.com）、哥伦比亚百科全书（http://www.bartleby.com/65/）、美国内科年鉴网（http://www.annals.org/）、中国年鉴网（http://www.yearbook.cn/）、默克诊疗手册（http://www.merck.com/）等。

第四节　医学信息及医学信息素养

一、医学信息的特征及作用

医学信息是按信息所属的学科内容进行划分的一种资源类型，它是与医学这一学科相关的各类信息的总称。

(一)医学信息的特征

医学信息除具有一般信息共有的特点外，还有其独到之处。

①数据量大、复杂性高。生物医学作为当今科技发展最为迅速的领域之一，生物医学信息资源迅猛增加。据报道，医学图书约占科技图书总量的 1/4，医学期刊约占科技期刊总数的 1/5，整个医学文献信息资源的数量在所有学科中位居首位。同时，医学信息的信息收集对象是人，包括基础医学信息、临床医学信息、医疗卫生保健信息、公共卫生信息等，不仅数据量大而且数据类型、属性、表达方式较为复杂。

②学科交叉、内容分散。学科交叉渗透是现代科学发展的重要趋势。生物医学领域作为当今科技发展最为迅速的领域之一，与信息科学、工程学、物理学、化学、社会学等多个学科交叉融合，以致约有 1/3 的医学研究成果发表在医学专业期刊上，另外 2/3 的成果发表在相关学科专业期刊上。因此，医学文献检索除需检索医学专业数据库外，还应检索综合性文献数据库及

其他相关学科数据库。

③资源多样、文种繁多。医学信息包括多种类型,除传统的医药科技文献,如图书、期刊、特种文献,缩微型资料、视听型资料、电子出版物和网络文献外,还涉及书写型和电子型病历、诊断报告等。全世界医学文献的文种较多,其中文献量最大的是英文,约占全世界文献量的 2/3,德文、俄文、法文、日文、西班牙以及中文等各占一定比例,据报道,美国化学文摘收录的语种有 50 多种,美国 PubMed 数据库收录的语种达 80 多种。

④半衰期短、更新迅速。文献半衰期是反映知识更新、学科发展的重要指标。医学信息不仅数据量大而且半衰期短。据报道,医学文献的平均半衰期为 3～7.7 年,比其他学科文献的半衰期都要小,如物理学 4.6 年、社会学 5 年、化学 8.1 年、植物学 10 年、数学 10.5 年、地质学 11.8 年、地理学 16.1 年,因此医学信息的时效性得以凸显出来。尤其随着现代医学模式的转变,如何及时、准确把握专业医学领域信息成为医学科研人员、决策管理人员面临的重要问题。

(二)医学信息的作用

医学信息在反映医药卫生领域发展态势、促进医学科技发展的过程中意义重大。医学知识是人类健康或疾病状态下生命活动现象(信息)的总结或认识,其内容包括人类生命活动和外界环境的相互关系,人类疾病的发生、发展及其防治规律。将医学知识采用不同的手段记录在不同的载体上形成了医学文献。医学文献记载着人类同疾病斗争的经验,是指导人们认识和推进医学科技发展的依据。以下几个方面体现了医学信息的作用:

①促进医学科技发展的继承和交流。人类对自然现象的认识和总结,想要实现其保存、积累和传播,只有通过文献的形式才能完成。医学科研人员只有借鉴、交流、学习和继承前人或今人的研究成果、医学知识,自己的医疗科研水平才能够得到有效

提高。同时,医学科研人员自身的研究成果或临床经验,也只有通过信息交流、传播,才能造福于人类。医学文献在医学知识继承、发展中起着承前启后的作用。

②提升医学科技创新能力。医学科技创新的目的在于探索生命的本质、过程,生命活动的规律和机制,作为引领 21 世纪科技发展的医学科学技术,科技创新已成为推动其发展的根本动力。医学信息是医学科技创新的重要支撑条件,对医学科技创新的实施起到支持、促进、指导和规范作用。因此,医学科研开展的前提条件就是要具有充足的医学信息,只有充分掌握本研究领域的研究动态和发展趋势,在利用前人和今人知识的基础上,才能创造出新的成果。

③加强医药卫生事业管理。医药卫生事业管理信息内容广泛,涉及医疗、医药、健康保障、疾病预防控制、初级卫生保健、公共卫生、健康教育、社区卫生、计划生育管理、医学教育、医药科技、生物安全等。不同的信息为医药卫生事业工作正常开展及其有效管理提供必要的信息保证,有利于工作效率的提高,进而辅助高层领导决策,获得更好的社会效益与经济效益。

④辅助医疗卫生决策。医学决策跟人民群众的生命健康密切相关,涉及诊疗方案、医疗费用等项目的选择,而医学信息是医疗卫生决策的科学依据,无论对患者还是医疗机构的决策者都至关重要。例如,在临床医疗工作中,除依靠医生本身的临床经验外,还需借助各种诊疗过程中获得的信息,以及学习到的新知识和医学文献,综合起来进行整体分析,最终对患者给予及时准确的诊断和制定可靠的治疗方案。

二、医学信息素养

(一)信息素养的基本概念

1974 年,信息素养(Information Literacy)这一概念是信息

产业协会主席保罗·泽考斯基(Paul Zurkowski)在美国提出：信息素养的本质是全球信息化需要人们具备的一种基本能力。简单的定义来自 1989 年美国图书馆学会(American Library Association, ALA)，它包括：能够判断什么时候需要信息，并且懂得如何去获取信息，如何对所需的信息进行评价和有效利用。

国内最早阐释信息素养的是王吉庆的《信息素养论》一书，即信息素养是一种可以通过教育所培养的，在信息社会中获得信息、利用信息、开发信息方面的修养与能力。信息意识与情感、信息伦理道德、信息常识以及信息能力多个方面均包含在内，是一种综合性的、社会共同的评价。

简而言之，信息素养是指一个人利用信息工具的能力和获取识别信息、加工处理信息、传递创造信息的能力以及以独立学习的态度和方法将已获得的信息用于信息问题的解决、进行创新型思维的综合的信息能力。

(二)医学信息素养的内涵

21 世纪是医学与生命科学的世纪，医学已成为科技领域发展进步最迅速的学科，医学信息呈井喷式增长，医学知识"老化"进程和更新周期不断加快，信息技术在医学领域的应用范围越来越广，临床医疗和医学相关科研工作信息化程度越来越高，未来医生及研究人员面临着不断扩大的工作领域和日益复杂的临床诊疗和科研等工作。以医学信息获取、评价和利用等处理能力为核心的信息素养是今后医学人才综合素养的核心，信息素养能力将成为今后临床医疗及医学相关科研工作的重要条件和必备素养。医学信息素养的内涵较丰富，主要包括以下几方面：

1. 信息意识

信息意识指信息在人脑中的反映即人对各种信息的自觉心理反应，反映人在信息活动过程中对信息的认识、态度、价值趋向和一定需求。信息意识决定了人们对信息反应的程度，且左右了人们对信息的需求,信息意识的强弱决定了人们利用信息能力的自觉程度。

医生应当具备良好的信息意识,积极认识和重视信息与信息技术在临床医疗、科研和管理等中的重要作用,形成良好的信息习惯,善于捕捉、分析、判断和吸收医学领域信息知识,具备对医学信息的敏感性和洞察性能力。

2. 信息能力

信息能力是指有效利用信息技术和信息资源获取信息、加工处理信息以及创造和交流新信息的能力。以下信息能力是医学工作者需要掌握的:①常用信息工具的使用能力及信息技术应用能力:包括会使用文字处理工具、浏览器及搜索引擎、电子邮件等,以及能够运用信息和通讯技术解决医疗、科研的问题;②信息获取和识别能力:医学工作者能够根据自己的需要将合适的信息源都选取出来,并掌握检索方法和技巧,采用多种方式,从信息源中提取自己所需要的有用信息的能力;③信息加工和处理能力:医学工作者能够从特定的目的和需求角度,结合医学专业知识对所获得的信息进行整理、鉴别、筛选、重组,并以适当方式分类存储;④创造、传递新信息的能力:医学工作者能够根据所获得整理的信息,形成新的医学信息知识体系,以便应用于医疗和科研之中,并有效地与相关人员进行沟通和交流的能力;⑤信息素养终身学习能力:医学工作者能够具备终身学习,并关注专业领域的最新进展。

3. 信息知识

信息知识是指与信息有关的理论、知识和方法。医学工作者应掌握的信息知识一般包括以下几个方面:①医学信息基础知识:包括信息的概念、内涵、特征,医学信息源知识(如不同信息源如 PubMed 等医学文献数据库、教材书、参考文献、专家诊断系统、网络医学资源等之间的特点和适用性)、医学信息检索工具知识以及医学数据库知识(如医疗病例记录)等;②现代信息技术知识:包括信息技术的原理、作用、发展等及其在医学领域的应用,以及医疗、科研中涉及的信息技术知识(如医院信息系统、电子病历、现代医疗技术知识)等;③外语知识:尤其是医学专业外语的阅读和听说能力知识。

4. 信息伦理道德

在信息获取、使用、创造和传播过程中应该遵守一定的伦理规范就是信息伦理道德。主要包括:①了解与信息相关的伦理、法律和社会经济问题;②遵循在获得、存储、交流、利用信息过程中的法律和道德规范,包括遵守医学信息行为规范,尊重患者隐私,遵守患者病历文件、知识产权权益、保密和剽窃等伦理约束。

参考文献

[1]陈燕. 医学信息检索与利用[M]. 北京:科学出版社,2012.

[2]李红梅,王振亚. 医学信息检索与利用[M]. 北京:人民邮电出版社,2013.

[3]代涛. 医学信息检索与利用[M]. 北京:人民卫生出版社,2010.

[4]陈红勤等. 医学信息检索与利用[M]. 武汉:华中科技大学出版社,2014.

[5]罗红燕. 三大中文期刊数据库文献检索教学设计[J]. 重庆图情研究,2009,(01).

[6]朱逸帆. 信息化助力上海社会诚信体系发展[J]. 上海信息化,2011,(04).

[7]黄林. 提升企业的竞争力加强危机信息管理[J]. 全国商情(经济理论研究),2009,(13).

[8]翟学忱. 自媒体的发展及其新闻性研究[J]. 中国信息界,2012,(11).

［9］吴晓燕．不可扩散信息保护问题初探［J］．黑龙江省政法管理干部学院学报,2012,(03).

［10］刘兴,赵敏．信息和知识的度量［J］．指挥信息系统与技术,2013,(05).

［11］吕晶．浅析高职院校医学生的信息素养［J］．新课程研究(中旬刊),2011,(08).

［12］陶维天．高等中医药院校医学生信息素养教育的实践探索与研究［J］．中医教育,2013,(04).

［13］张海梅．浅谈大学生信息素养培养模式——专业教师与图书馆馆员协作教学模式［J］．法制博览(中旬刊),2012,(08).

第二章 常用中外文期刊文献数据库检索

在科技迅猛发展的今天，网络已成为教学、科研、医疗不可缺少的重要工具之一。尤其是专业数据库，以其特有的优势，为广大科研人员在选择科研课题、进行科技成果查新及科技论文写作、了解相关学科发展等方面提供了极大的方便，发挥了不可替代的作用。

目前，我们常用的综合型中文文献数据库主要有中国知网全文数据库、维普中文科技期刊数据库、万方数据资源系统检索、中国生物医学文献数据库。常用的综合型外文文献数据库主要有 PubMed 生物医学文献检索系统、EMBASE、OVID 等。这些数据库的资源都包含医药卫生及相关学科信息。

第一节 中文医学文献信息检索

一、中国知网

(一)中国知网简介

1996 年，中国知网由清华大学、清华同方公司创建，以建设中国基础设施(CNKI)为总目标，逐步形成集期刊、会议、报纸、博硕论文、年鉴、工具书、标准、专利、科技成果和外文数据库等

第二章　常用中外文期刊文献数据库检索

多种资源于一体的综合性学术出版网站,是目前全球范围内最大的中文知识资源库。

1. 中国知网(简称CNKI)出版文献概况

中国知网出版文献概况如表2-1所示。

表2-1　中国知网出版文献概况

文献类型	出版文献量(截至2014年9月)	收录年份	类型
学术期刊	7961种期刊,文献量41612904篇文献	自创刊至今	全文
优秀博士论文	收录416家博士培养单位文献量237285篇论文	1984年至今	全文
优秀硕士论文	收录650家硕士培养单位文献量2051536篇论文	1984年至今	全文
国内外会议论文	收录国内外学术会议论文集23958本,文献量2205588篇文献	1953年至今	全文
重要报纸	国内公开发行的500多种重要报纸,文献量12706014篇文献	2000年至今	全文
专利文献	中国专利全文数据库共计收录专利10332399条,海外专利数据库共计收录专利37897699条	中国专利1985年至今海外专利1970年至今	中国专利为全文;海外专利为文摘
中国标准	国家标准38500多条	1950年至今	全文
工具书	收录了近200家出版社的字典、词典、专科辞典、百科全书、手册、图录图鉴、表谱、名录等6000多部,含1900多万个条目,100多万张图片		全文
年鉴	收录年鉴2830种,22797本,共计条数19951722条	1949年至今	全文
科技成果	共计收录科技成果633463项	1978年至今	全文

2. 登录方式

①IP 登录:订购单位可考虑此种登陆方式,如通过学校校园网访问学校订购的 CNKI 资源。

②账号登录:通过账号、密码方式访问所订资源。

③访客浏览:无论在任何地方,只要登录 CNKI 网站(http://www.cnki.net/)即可检索,但是只能看到索引与摘要等数据,无法查看全文。

3. 全文浏览器的下载

在 CNKI 主页上可以免费下载专用全文浏览器软件 CAJViewer,浏览 CNKI 数据库全文时,系统自动调用当前计算机上安装的 CAJViewer 程序打开原文。为了满足用户的需要,中国知网还推出了 PDF 下载功能,可使用 Acrobat Reader(PDF)浏览器阅读 PDF 格式原文。CAJViewer 文件小,因此下载的速度快,利用 CAJViewer 可对图像文件进行在线识别与编辑处理;AcrobatReader(PDF)的适应性强,在不同的操作系统中都可得以应用。

(二)中国知网检索途径

中国知网平台提供了跨库检索和单库检索两种方式。

1. 跨库检索

①简单检索:提供类似搜索引擎的检索方式,使传统的文献数据库的检索方式得以改变,促进了"提问-检索"向"浏览-查询"模式的转变。用户只需选择相应的文献类型数据库,在检索框中输入所要查找的关键词,单击"检索"按钮即可查找到相关文献了。

②高级检索:提供全面的检索条件供用户选择。第一,输入检索范围控制条件:发表时间、文献出版来源、支持基金、作者、

作者单位等。第二,输入目标文献内容特征:文献全文、篇名、主题(包含题名、关键词、摘要三个字段)、关键词、中图分类号等。第三,将检索结果做分组分析和排序分析处理,使细化检索结果和最优排序方式得以实现。

2. 单库检索

单库检索是指选择一种文献类型,如中国学术期刊网络出版总库,在该库中实现中国学术期刊的检索。

(三)检索功能

下面以中国知网中国学术期刊网络出版总库为例进行介绍。

中国学术期刊网络出版总库是世界上最大的连续动态更新的中国学术期刊全文数据库。以学术、技术、政策指导、高等科普及教育类期刊为主,内容覆盖范围广。截至2014年9月收录国内学术期刊7961种,全文文献总量41612904篇。产品由基础科学、工程科技Ⅰ、工程科技Ⅱ、农业科技、医药卫生科技、哲学与人文科学、社会科学Ⅰ、社会科学Ⅱ、信息科技、经济与管理科学这十大专辑构成。

中国学术期刊网络出版总库的检索可分为初级检索、高级检索、专业检索、作者发文检索、科研基金检索、句子检索、来源期刊检索。

1. 初级检索

不熟悉多条件组合查询或SQL语句查询的用户可考虑使用初级检索,这是因为它能够进行快速方便的查询。初级查询的特点是方便快捷,效率高,但查询结果冗余多。如果在检索结果中进行二次检索或配合高级检索则可以使得查全率和查准率在很大程度上得以提高。初级查询是登录CNKI检索系统进入中国学术期刊网络出版总库时默认的检索方式。

2. 高级检索

在初级检索界面上方选择"高级检索",切换成高级检索界面。利用高级检索能进行快速有效的组合查询。高级检索适用于较复杂课题的查询,查询结果冗余少,命中率高。其检索区各项功能与初级检索的保持一致。检索项之间的逻辑关系有"并且、或者、不包含"三种,用户根据检索需要选择。

3. 专业检索

专业检索提供一个按照用户需求来组合逻辑表达式,以便进行更精确检索的功能入口。在专业检索中给出了一个检索规则说明表,表中分别将所有检索项及其代码的——对应关系都列出来了,在填写检索条件的时候,只需根据其所列检索项的中文或英文简写将检索条件拼写出即可,其检索效果与高级检索相同。

4. 导航的使用

CNKI 导航包括学科导航和期刊导航。学科导航将各学科、各门类的知识分为 10 个专辑、178 个专题,兼顾各学科之间的内在联系和交叉渗透,分层次对知识按其属性和相互从属关系进行并行或树状排列,逐级展开到最小知识单元。在检索时可以选择全部专辑、多个专辑,或选择多个下位的子栏目。刊名导航可通过学科分类将相关学科期刊上发表的论文直接找出来。

学科导航提供分类检索途径,即利用导航体系逐步细化,最终将最小知识单元中包含的论文检索出来。例如,利用学科导航,依次选择医药卫生科技→心血管系统疾病→心脏疾病→心包疾病,可以直接检索出心包疾病的文章。

CNKI 期刊导航分为"首字母导航"和"分类导航"。其中"首字母导航"是按照期刊中文名称拼音的首字母进行排列的,

"分类导航"按不同的划分标准将所有期刊分为专辑导航、世纪期刊导航、核心期刊导航、优先出版期刊导航、独家授权期刊导航、数据库刊源导航、期刊荣誉榜导航、中国高校精品科技期刊、期刊导航、出版地导航、主办单位导航、发行系统导航这12个类别,读者可根据不同的需要按期浏览期刊文章。

5. 检索结果的显示与处理

CNKI检索结果分列表显示和摘要显示两种。列表显示和摘要显示可相互转换。列表显示提供浏览、下载、预览和分享功能。摘要显示在具有显示列表功能的基础上还可以显示文章内容摘要。单击相应文章篇名则细览显示该文章的篇名、作者、刊名、机构、关键词、摘要、文内图片和基金来源等相关信息。

在每篇文献的细览区,提供CAJ原文下载、PDF原文下载和多种链接功能。作者链接、机构链接、关键词链接可直接获得相关文献;刊名链接通过刊名查询该刊信息和各期文章列表;聚类检索链接的同类文献可检索与本篇文章具有相同分类号的文章,引用文献链接到该篇文章的参考文献,被引用文献链接到引用该篇文章的文献及同行关注文献、相关机构文献、相关作者文献等。浏览全文时,缩放、查找、翻页、摘录、打印和发送电子邮件等多种功能,也均可由CAJViewer来提供。

二、维普中文科技期刊数据库

(一)维普中文科技期刊数据库简介

重庆维普资讯有限公司是科学技术部西南信息中心下属的一家大型专业化数据公司,自1989年起期刊等信息资源的深层次开发和推广应用是其工作的重点,维普中文科技期刊数据库(全文版)即由该公司开发研制。

维普中文科技期刊数据库收录1989年以来国内12000余种期刊,2013年收录文献总量达3000余万篇,年增长量200余万篇。医药卫生专辑收录医药卫生专业期刊约2000种。

维普中文科技期刊数据库可通过镜像站点、包库和网上检索卡等方式使用,其网址为http://www.cqvip.com。

(二)维普中文科技期刊数据库检索方式

维普中文科技期刊数据库的检索字段为题名或关键词、题名、关键词、文摘、刊名、作者、第一作者、机构、分类号和任意字段等。

检索方式分为基本检索、高级检索、期刊导航和传统检索四种方式。其中,传统检索为上一代检索系统的保留,这是为了方便老用户使用。

1. 基本检索

基本检索提供期刊文章发表时间限定、期刊来源限定和学科限定。检索项通过下拉列表选择,检索项之间以布尔逻辑关系相连。

2. 高级检索

高级检索运用逻辑组配关系,可将同时满足几个检索条件的数据都查找出来,用户在该界面上即使是较为复杂的检索也可一次实现。系统提供若干检索字段可选项,提供"模糊"和"精确"检索方式可选项,该功能在选定"关键词"、"刊名"、"作者"、"第一作者"和"分类号"这几个字段检索时生效。

例如,想要将有关姜黄素抗肿瘤的文章检索出来的话,可以在"题名或关键词"后的文本框中输入"姜黄素",在"题名"后的文本框中输入"肿瘤",并且用逻辑组配"与"。时间设为2000-2015年,专业限制项中勾选"医药卫生",期刊范围限制为核心期刊。

3. 传统检索

①选择检索入口。检索字段包括关键词、刊名、作者、第一作者、机构、题名、文摘、分类号和任意字段,确定"模糊"或"精确"检索方式。

②限定检索范围。年代:默认为1989年以来。期刊范围:有全部、重点、核心可供选择。同义词库:输入关键词检索,选择同义词功能,系统显示该词的同义词列表。同名作者库:输入作者姓名检索,选择同名作者功能,系统提示同名作者的单位列表。

③二次检索。在第一次检索结果的基础上输入新的检索词进行检索,使检索结果尽可能地缩小,确定两个检索词之间的"与""或""非"逻辑关系,该操作可反复进行。

4. 期刊导航

期刊导航分为"分类导航"和"字顺导航"两种。"分类导航"按不同的划分标准将所有期刊分为以下四个类别,包括期刊学科分类导航、核心期刊导航、国外数据库收录导航和期刊地区分布导航。读者可根据自己的需要按期浏览期刊文章。

期刊导航界面还提供期刊搜索功能:一是提供期刊名和ISSN号检索入口,ISSN号检索必须是精确检索,期刊名字段的检索是模糊检索;二是期刊搜索提供二次检索功能。

5. 检索结果浏览

①选择题录浏览方式和显示条数,浏览方式分为概要显示、文摘显示和全记录显示三种方式。

②标记及下载题录,下载全文。

③在检索结果显示界面,可在该检索结果基础上进行二次检索或重新检索。二次检索包括指定年代、期刊范围、选择检索字段、确定与上一次检索结果之间的逻辑关系,即在结果中进行

搜索、添加及去除的操作。

④题录下显示该条记录的相关文献（包括主题相关、参考文献和引用文献）链接，单击链接可检索相关文献。

三、万方数据期刊论文数据库

(一) 概况

万方数据知识服务平台（http://www.wanfangdata.com.cn）是万方数据股份有限公司（由中国科技信息所控股）研制开发，在互联网领域提供集信息资源产品、信息增值服务和信息处理方案为一体的综合信息服务系统。万方数据知识服务平台是以中国科技信息研究所（北京万方数据股份有限公司）全部信息服务资源为依托，以科技信息为主，集经济、金融、社会、人文信息为一体，以互联网为网络平台的大型科技、商务信息服务系统。集聚了学术论文、期刊论文、学位论文、会议论文、外文文献、学者、专利、标准、成果、图书、法规、机构、专家等文献信息的跨库检索平台。

万方学术期刊全文数据库是万方数据知识服务平台的重要组成部分。该数据库收录了1998年以来7000余种期刊，其中核心期刊2500余种，中国医药卫生领域的期刊1100余种，包括中华医学会和中华医师协会独家授权数字化出版期刊200多种。期刊论文总数量达1700余万篇，每年约增加200万篇，更新频率为每周两次。

万方数据知识服务平台访问方式包括远程包库访问、本地镜像方式和检索卡三种。个人用户可使用检索卡形式访问，机构用户一般使用本地镜像或远程包库方式访问，采用IP控制方式登录，在本单位局域网范围内共享使用。

(二)检索途径和方法

万方数据知识服务平台提供跨库检索与单库检索两种方式,这两种检索方式均提供简单检索、高级检索、专业检索等检索方法。

1. 跨库检索

在跨库检索界面上方的检索词输入框中可以直接输入检索词,系统自动在期刊论文、学位论文、会议论文、外文期刊、外文会议论文等数据库中进行检索;也可在跨库检索高级检索界面中的检索词输入框中输入检索词,选择在全部、标题、作者、单位、关键词或摘要、日期等字段中进行检索。通过点击"＋"或"－"按钮,可增加或减少一个检索词输入行增加或减少限定条件,得到满意的检索效果;在检索结果页面可以进一步缩小检索范围。

2. 单库检索

本节主要以万方数据期刊论文数据库为例介绍单库的检索方法。在万方数据知识服务平台首页点击"期刊"链接,即可进入万方数据期刊论文数据库的检索界面。

(1)简单检索

简单检索是系统默认的检索方式,简单搜索的界面可以实现"论文检索"和"刊名检索"之间的有效切换。

①论文检索:系统默认"期刊"状态,在检索词输入框中输入检索词,点击"检索论文"按钮,在检索结果界面,系统提供了二次检索功能,可通过选择标题、作者、关键词、摘要或年代字段以及选勾是否有全文,使检索范围得以进一步缩小;检索结果上方的检索词输入框中仍保留着上次检索使用的检索词,可以清空,重新输入新的检索词以及检索字段,实现新的检索。

②刊名检索:在检索词输入框中输入全部或部分期刊名称,

点击"检索刊名"按钮即可。

（2）高级检索

高级检索的功能是在指定的范围内,通过增加检索条件使用户更加复杂的要求得以满足,检索到满意的信息。点击"高级检索"按钮,进入高级检索界面。

高级检索提供了分栏式检索词、检索式输入方式,输入框默认为三组,可以通过点击"＋"或"－"号来添加或删除,最多可增加到六组。并可选择检索字段（主题字段包含标题,关键词,摘要）、匹配条件（精确匹配表示精确检索,输入检索词和检出结果一致；模糊匹配表示模糊检索,检出词含有输入检索词的词素）、逻辑运算（逻辑与、逻辑或、逻辑非）,检索年度限定。查看检索历史,检索历史表达式可以拼接,查看检索结果的高频关键词,提供相关检索词。

（3）专业检索

专业检索比高级检索功能更强大,但需要检索人员根据系统的检索语法编制检索式进行检索,熟练掌握检索技术的专业检索人员可考虑使用该检索方式。专业检索的检索表达式采用的是 CQI(Common Query Language)检索语言编制。

检索规则:含有空格或其他特殊字符的单个检索词:用引号括起来,多个检索词之间根据逻辑关系使用 and"＊"、or"＋"、not"－"连接。系统提供检索的字段有主题、题名或关键词、题名、创作者、作者单位、关键词、摘要、日期。在检索表达式框中直接输入检索式,点击"检索"按钮,执行检索。

（4）学术期刊导航

万方数据期刊论文数据库提供了学科分类导航、地区导航和首字母导航三种期刊分类导航方式,以实现期刊快捷地浏览和查找。在学术期刊的主页列出了全部分类目录,点击目录名称即可实现该分类下期刊的查看。

①学科分类导航:在期刊的主页选择需要查看的学科,进入期刊导航结果界面,系统显示期刊按学科分类的导航树状结构

表,万方数据系统将收录的全部期刊分为哲学政法、社会科学、经济财政、教科文艺、基础科学、医药卫生、农业科学、工业技术八大类,各大类下又分为若干个次级类目,医药卫生大类下分有16个次级类。通过点击表中的各级类目可将该类目下的全部期刊都列出来,选中并依次点击:刊名-刊期-期刊目录即可查得某种期刊的各年、期的目录和全文。

②查看导航结果:在导航结果列表的顶部将各学科分类及其期刊数量列出来,可以点击不同的学科分类,实现不同学科期刊的浏览。点击"核心刊",属于该学科的核心期刊均可被查看到。

③查看期刊详细信息:在导航结果或者是检索结果界面上点击刊名,进入期刊的详细信息界面。在该界面可以查看如期刊简介、最新一期目录、期刊信息、主要栏目、获奖情况、联系方式等期刊的主要信息。该界面中的"收录汇总"提供了系统所收录期刊所有年代各期论文的链接,"本刊论文"提供了本刊论文检索的功能,与此同时还提供了同类期刊的推荐链接。

(三)检索结果管理

1. 检索结果排序显示

在简单检索状态下,检索结果可以按相关度优先、经典论文优先、新论文优先和其他(仅相关度、仅出版时间、仅被引次数)进行排序,且能够实现在不同的排序方式之间的切换。经典论文优先是指被引用次数比较多,或者文章发表在水平较高的期刊上的、有价值的文献排在前面。相关度优先是指与检索词最相关的文献优先排在最前面。新论文优先指的是发表时间最近的文献优先排在前面。在高级检索状态下,检索结果可以按相关度和新论文排序,用户可根据检索需求的不同,实现灵活调整。均可选择每页按10、20、50篇文献显示检索结果。

2. 检索结果聚类导航分类

在简单检索状态下,检出的文献按学科类别、论文类型、发表年份、期刊等条件进行分类,选择相应的分组标准,可达到限定检索,使检索范围的目的得以尽可能地缩小。

3. 查看期刊论文详细信息

在检索结果界面点击文献标题,进入期刊论文详细信息界面,可获得文献的详细内容和相关文献信息链接。文献的详细信息如题名、作者、刊名、摘要和基金项目等均包含在其中,还有参考文献相似文献、相关博文、引证分析、相关专家、相关机构等链接。

4. 检索结果输出

①题录下载:在高级检索或专业检索状态下,检索结果界面全选或部分勾选所需文献题录,点击"导出"按钮,能够导出的题录最多有 50 条。系统默认"导出文献列表",在该界面可以删除部分或全部题录。系统提供"参考文献格式"、"自定义格式"和"查新格式","NoteExpress"、"Refworks"、"NoteFirst"和"Endnote"格式保存题录,根据需要选择导出方式,点击"导出"按钮,题录按照所选方式保存下来或导出来。

②全文下载:万方数据提供了全文查看和下载功能,期刊全文的文件格式为 PDF 格式,查看和下载全文需安装 Acrobat Reader 软件。全文不能批量下载,每次只能下载一篇。在检索结果界面点击"下载全文"按钮,系统弹出对话框,根据需要打开或保存期刊论文全文。对于万方数据库的非正式用户,如需要查看和下载全文,可通过购买万方充值卡或手机付费等方式来实现。

5. 引用通知

万方数据知识服务平台为用户提供指定论文的引用通知服务。当订阅的论文被其他论文引用时,系统将以 E-mail 或 RSS 订阅的方式及时通知用户,方便用户了解指定论文的权威性和受欢迎程度。目前,该服务仅面向注册用户开放。

四、中国生物医学文献数据库

(一)数据库概况

中国生物医学文献服务系统(SinoMed)由中国医学科学院医学信息研究所图书馆开发,涵盖资源丰富、专业性强,能全面、快速反映国内外生物医学领域研究的新进展,是集检索、统计分析、免费获取、全文传递服务于一体的生物医学中外文整合文献服务系统。现整合了中国生物医学文献数据库(CBM)、西文生物医学文献数据库(WBM)、中国医学科普文献数据库、北京协和医学院博硕学位论文数据库、日文生物医学文献数据库、俄文生物医学文献数据库、英文文集汇编文摘数据库、英文会议文摘数据库 8 种资源,年代跨度大,更新及时。

中国生物医学文献数据库(China BioMedical Literature Database,CBM)收录 1978 年至今 1800 余种中国生物医学期刊以及汇编、会议论文的文献题录 740 余万篇,新增 1989 年以来中文参考文献 386 余万篇,学科涵盖了基础医学、临床医学、预防医学、药学、中医学以及医院管理和医学情报学等生物医学的各个领域。数据库的全部题录均根据美国国立医学图书馆《医学主题词表》(MESH)、中国中医研究院中医药信息研究所《中国中医药学主题词表》,以及《中国图书馆分类法·医学专业分类表》实现主题标引和分类标引。同时,对作者机构、发表期刊、所涉基金等进行规范化加工处理,支持在线引文检索,辅助用户开展引证分析、机构分析等学术分析。自 1995 年起的题录,约 70% 的文献带有文摘,CBM 实现与维普全文数据库的链接功能,可直接通过链接维普全文数据库获取 1989 年以来的全文。

(二)检索途径和方法

1. 检索途径

中国生物医学文献数据库检索途径有快速检索、高级检索、主题检索、分类检索、期刊检索、作者检索等检索途径。

本系统默认的检索方式是快速检索,快速检索是在数据库的全部字段内实现检索。

(1)输入检索词或检索式

检索词输入框键入检索词或检索式,检索词本身可使用通配符,检索词之间还可使用逻辑运算符。检索词可以是单词、词组、主题词、关键词、字母、数字等。

(2)二次检索

二次检索是在已有检索结果基础上再检索,使检索范围得以进一步缩小。两个检索式之间的关系为"AND"运算。操作为再次输入检索式之后选"二次检索"。

(3)检索历史

查看检索过程,检索词,任意进行逻辑组配。一次成功的检索经常是经历检索策略的调整才能完成。

2. 高级检索

高级检索支持多个检索入口、多个检索词之间的逻辑组配检索,方便用户构建复杂检索表达式。想要提高检索准确率的话,可通过文献类型、年龄组、性别及研究对象限定检索来实现。

选择"高级检索"检索入口,在构建表达式选择字段,输入检索词,点击"发送到检索框";继续在构建表达式选择字段,输入检索词,在逻辑组配选择框中选择逻辑算符后,点击"发送到检索框"后实现"检索"操作。

①常用字段:在中国生物医学文献数据库(CBM)中,中文标题、摘要、关键词、主题词的组合即为常用字段。

②智能检索:自动实现检索词及其同义词(含主题词)的同步扩展检索。

③精确检索:是检索结果等同于检索词的一种检索,适用于关键词、主题词、作者、刊名等字段。例如:"马明"[作者]。

④限定检索:限定检索把年代、来源语种、文献类型、年龄组、性别、对象类型、其他等常用限定条件整合到一起,用于对检索结果的进一步限定,使二次检索操作得以减少,从而提高了检索效率。一旦设置了限定条件,除非用户取消限定条件,否则在用户的检索过程中,限定条件一直有效。

⑤构建表达式:构建包含多个检索词的表达式。构建表达式时,输入的字符串自动用英文双引号包围作为一个整体。例如:"肺肿瘤"[常用字段]。

⑥检索历史:最多允许保存200条检索表达式,可从中选择一个或多个检索表达式并用逻辑运算符"AND"、"OR"和"NOT"组成更恰当的检索策略。检索策略可以保存到"我的空间"。

3. 主题检索

主题检索又称主题词表辅助检索,输入检索词后,系统将在《医学主题词表(MeSH)》中文译本及《中国中医药学主题词表》中查找对应的中文主题词。也可通过"主题导航",浏览主题词树将需要的主题词查找出来。和关键词检索比起来,主题检索能有效提高查全率和查准率。

主题检索可用中文主题词、英文主题词及同义词进行查找,可浏览主题词注释信息和树形结构,确定恰当的主题词。通过设置是否加权、是否扩展,选择合适的副主题词,使检索结果跟检索者需求的契合度更高。查找多个主题词,并使用逻辑运算符"AND","OR"和"NOT"组配检索。

4. 分类检索

文献所属学科体系进行检索,具有族性检索的功能。检索入口包括类名和类号。系统将在《中国图书馆分类法·医学专业分类表》中查找对应的类号或类名。分类检索从文献所属的学科角度进行查找,能提高检索效果。

通过选择是否扩展、是否复分使检索结果更准确。分类检索单独使用或与其他检索方式组合使用,可发挥其族性检索的优势。可以同时查找多个分类号,并使用逻辑运算符"AND","OR"和"NOT"组配检索。

5. 期刊检索

期刊检索提供从期刊途径获取文献的方法,并能对期刊的发文情况进行统计与分析。通过 CBM 的期刊表,浏览数据库中收录期刊的详细信息,可以从刊名、出版地、出版单位、ISSN 及期刊主题词途径将期刊查找出来。

(三)个性化服务

中国生物医学文献数据库界面如图 2-1[①] 所示。中国生物医学文献数据库有集团用户和个人用户这两种用户。集团用户是指以单位名义或 IP 地址进行系统注册的用户,某一集团用户下可以有多个子用户;个人用户则是指以个人名义进行系统注册的用户,下面不再设子用户。中国生物医学文献数据库的"个人用户"无需二次注册,直接使用系统注册时所用的用户名和密码即可登录"我的空间";但"集团用户"下的子用户则需要单独注册"我的空间"后才可登录使用。登录 SinoMed,点击界面右

---

① 李晓玲,符礼平. 医学信息检索与利用[M]. 5 版. 上海:复旦大学出版社,2014:74

上方的"我的空间"按钮,进入"我的空间"注册界面,设置个人用户名和登录密码并提交即可注册我的空间。用户注册个人账号后便能拥有 SinoMed 的"我的空间"权限,享有检索策略定制、检索结果保存和订阅、检索内容主动推送及短信、邮件提醒等个性化服务。

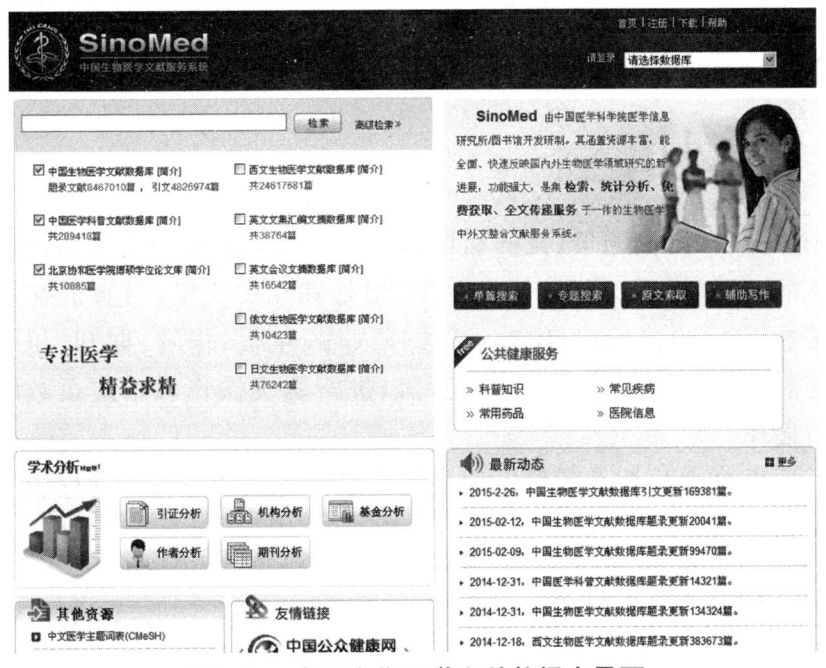

图 2-1 中国生物医学文献数据库界面

1. 我的检索策略

在已登录了"我的空间"的前提下,从检索历史页面,将一个或者多个记录勾选出来,保存为一个检索策略。保存成功后,可以在"我的空间"里对检索策略进行导出和删除操作。点击策略名称进入策略详细页面,可对策略内的检索表达式进行"重新检索"、"删除"、"推送到邮箱"和"RSS 订阅"。通过策略详细页面的"重新检索",可以查看不同检索时间之间新增的数据文献。

2. 我的数据库

在登录了"我的空间"的前提下,从检索结果页面,可以把感兴趣的检索结果添加到"我的数据库"。在"我的数据库"中,可以按照标题、作者和标签将相关文献查找出来,并且可以对每条记录添加标签和备注信息。

(四)检索结果管理

1. 检索结果显示

CBM 提供题录、文摘和详细 3 种格式。题录格式为系统默认的,包括标题、著者、著者单位、出处和相关文献;每页的显示条数可为 20、30、50、100。可选择入库、年代、作者、期刊、相关度对检索结果进行排序,并且可以进行翻页操作和指定页数跳转操作。

来自维普全文数据库的全文的获得可通过点击论文标题右侧的 PDF 图标来实现。

2. 检索结果分类

中国生物医学文献数据库对检索结果从核心期刊、中华医学会期刊、循证文献三方面进行了分类,核心期刊指被《中文核心期刊要目总览》或者《中国科技期刊引证报告》收录的期刊,中华医学会期刊是由中华医学会编辑出版的医学期刊、循证文献等中国生物医学文献数据库系统对检索结果进行循证医学方面的策略限定所得结果。

3. 检索结果统计分析

检索结果页面右侧,按照主题、学科、期刊、作者、时间和地区 6 个维度对检索结果进行了统计,点击统计结果数量可以在检索结果页面中将所需内容都展示出来。最大支持 200000 条文献的结果统计。

①主题统计按照美国国立医学图书馆《医学主题词表(MESH)》中译本进行展示的,主题统计最多可以展示到第 6 级内容。

②学科统计按照《中国图书馆分类法·医学专业分类表》进行展示的,学科统计最多展示到第 3 级内容。

③期刊、作者和地区的统计按照由多到少的统计数量进行排序的,默认显示 10 条,点击更多显示统计后的前 50 条。

④时间统计按照年代进行排序的,默认显示最近 10 年,点击更多显示最近 50 年。

4. 检索历史

检索历史界面是对已经完成的检索进行重新组织,该界面按照时间顺序从上到下可以依次将已完成的检索式都显示出来,最后完成的检索式在最上方。可从检索史中选择一个或多个检索式用逻辑运算符 AND、OR 或 NOT 组配。要删除某个检索式,只需选中其前方的复选框,然后点"清除检索史"按钮。超时退出系统,检索历史仍将保留,可继续检索。若选择"退出系统",检索历史则被清除。一次检索最多能够保存 1000 条策略,每页最多显示 100 条。

5. 检索结果输出

在检索结果页面用户可根据需要,将点击结果输出,选择输出方式、输出范围、保存格式。中国生物医学文献数据库有"打印"、"保存"和"E-mail"3 种检索结果输出方式。在"文本显示"状态下点击"结果输出"。单次"打印"、"保存"的最大记录数为 500 条。单次"E-mail"发送的最大记录数为 50 条。可选择对全部检索结果记录进行输出或者是只对感兴趣的记录进行输出。

6. 原文索取

原文索取是中国生物医学文献数据库提供的一项特色服务。对感兴趣的检索结果直接进行原文索取,也可以通过填写"全文申请表"、"文件导入"等方式申请所需要的文献。中国生物医学文献数据库将在发出原文请求后 2 个工作日内,按照用户的需要以电子邮件、普通信函、平信挂号、传真或特快专递方式,提供所需原文。

第二节 外文医学文献信息检索

一、PubMed 生物医学文献检索系统

(一)PubMed 的收录范围

PubMed 检索系统收录了以下四个数据库的数据。

1. MEDLINE

MEDLINE 是世界公认最重要、最具权威性、使用频率最高的生物医学文献数据库,其内容涉及包括医学基础学科和临床学科、药学、牙科学、护理学、预防医学、社会医学、兽医学等医药卫生各个领域。目前已收录 1966 年以来,美国及其他 70 多个国家、43 种文字、4700 余种生物医学期刊上的 1900 多万篇文献,年报道文献量约 60 万篇。MEDLINE 是 PubMed 的主体,每条记录均有[PubMed-indexed for MEDLINE]的标志。

2. PreMEDLINE

PreMEDLINE 是 MEDLINE 的前期数据库,收录那些等待标引的文献,缩短文献报道差是其作用所在。PreMEDLINE 每天都在不断地增加新数据,经过标引后每周向 MEDLINE 移加一次。因此,通过 PubMed 得到的信息比 MEDLINE 更新。由于 PreMEDLINE 中的文献尚未经主题标引,应采用自由词检索。PreMEDLINE 的每条记录均有[PubMed-in process]的标志。

3. Publisher Supplied Citation

Publisher Supplied Citation 是由期刊出版商在期刊出版前直接发送给 PubMed 的电子记录(epub),用户从中可以看到最新发表的论文,这些论文经筛选后并非每篇都收入 MEDLINE。Publisher Supplied Citation 的每条记录均有[PubMed-as supplied by publisher]的标志。

4. PubMed-OLDMEDLINE

OLDMEDLINE 是美国国立医学图书馆 1950～1965 年收藏的生物医学期刊文献题录数据库,收录文献约 200 万篇(均不带文摘)。OLDMEDLINE 数据库的每条记录均有[PubMed OLDMEDLINE for Pre1966]的标志。

(二)PubMed 高级检索(Advanced Search)

在基本检索页面我们已经掌握了如何运用初级检索法达到检索文献的目的。不过当所要检索的问题复杂度比较高时,仅仅靠初级检索还无法达到需求。为了使检索更为准确、高效,可利用 PubMed 所提供的高级检索功能。

在 PubMed 首页,通过单击"Advanced"按键,即可进入

PubMed 高级检索界面。PUBMED 的 Advanced Search 页面整合了多种对检索有用的辅助功能,可实现如下操作:

①Searching by a specific field(在特定的字段中向方案里加入查询词)。

②Browsing the index of terms(从 Index 中查看并选择词语来修改查询方案)。

③Combining searches using history(通过检索历史进行检索式复合检索)。

④Previewing the number of search results(使用此功能可以在显示条目之前将所查到的文献数都显示出来)。

⑤Displaying the search details(用于帮助你查看 PubMed 的检索策略)。

通过高级检索页面的"PubMed Advanced Search Builder (检索构建器)"可以进行特定字段的限定检索。首先在下拉列表中选择要检索的字段,然后在检索框中输入检索词,再选择"AND"、"OR"、"NOT"三种逻辑关系之一,即可将输入的检索词在所选字段中检索的策略以相应的逻辑关系加入到检索框中。

检索史(History)是按时间顺序列出每一步检索的序号、检索式、检索时间、检出文献篇数。要查看检索结果,直接单击 I-tems found 列下的检出文献篇数即可。

在 History 界面,单击序号一个"Options"列表即可出现,从中选择相应的逻辑运算符可对各步检索式进行组配检索。例如♯6 AND♯7,然后单击"Search"。要清除检索史,单击左下方的"Clear History"。PubMed 最多可保留 100 个检索式,超过 100 个时最早的检索式即可被自动删除。

(三)MeSH 数据库(MeSH Database)检索

MeSH 其实是 Medical Subject Headings 的缩略词,即医学主题词,是用规范化的医学术语来将生物医学概念描述出来。

NIH 的工作人员按 MeSH 词表规定,浏览生物医学期刊全文后标引出每篇文献中的 MeSH 主题词,其中论述文献中心的主题词称主要主题词(Major Topic Headings),论述主题某一方面内容的词称为副主题词。

《医学主题词表》(MESH)是对生物医学文献进行主题分析、标引和检索的权威性词表,它的作用是使医学文献的主题标引和检索达到统一和一致,并指导用户高质量地检索医学文献。它可以指导用户从同义词发现主题词,告诉用户主题词如何使用,将主题词之间的相互关系显示出来。

《医学主题词表》(MESH)在文献检索中的重要作用主要表现在两个方面:准确性(准确揭示文献内容的主题)和专指性。

通常一篇文章可有多个 MeSH 词。当标引人员为一篇文献确定 MeSH 词时,要对它为文章的主要论点还是次要论点做进一步的分析。因此文献的主题词也有主次之分,主要主题词揭示的是文献的重点内容,次要主题词仅对一般涉及的问题进行描述。

PubMed 中的 MeSH 数据库实质上是具有检索功能的主题词表,可以帮助用户:①选择规范化的主题词;②将提问词限定在主要主题词(MESH Major Term)字段;③组配恰当的副主题词;④对所选主题词的下位词不进行扩展检索(默认为扩展检索);⑤了解主题词在学科分类中的位置,正确选择上位词或下位词使检索范围得以扩大或缩小;⑥了解与所选主题词词义相同或相关的各种表达形式。

在 PubMed 主页点选 MeSH Database,进入 MeSH 检索界面,在提问框中键入一个词,回车或单击"Search",该概念相关的主题词及其定义就会被显示出来。选中并单击主题词,进入其详细显示界面(Detailed Display)(如图 2-2[①])。在此增加了

---

① 李红梅,王振亚. 医学信息检索与利用[M]. 北京:人民邮电出版社,2013:97

与该主题词组配的所有副主题词(Subheadings)、供用户勾选，可单选也可多选，如果同时选择多个副主题词，副主题词之间为"OR"的关系；如要选择全部副主题词，可直接在主题词前面的框内打勾。在副主题词复选框下面还有两个选项，一个是"Restrict Search to Major Topic headings only"，即将主题词限制在主要主题词中检索，主要主题词指文献中重点讨论的内容，这一选项是缩小检索范围，提高查准率的有效方法。另一个选项"Do Not Explode this term"，即不对该主题词的下位词进行扩展检索，对下位词进行扩展检索是系统所默认的。该界面还提供了与所选主题词词义相同(见 Entry Terms)或相关(见 See Also)的各种表达形式以及该主题词所属主题范畴的树状结构(见图 2-3①)。MeSH 词后的"＋"号表示还有下位词，可直接单击上位词或下位词浏览相关信息。

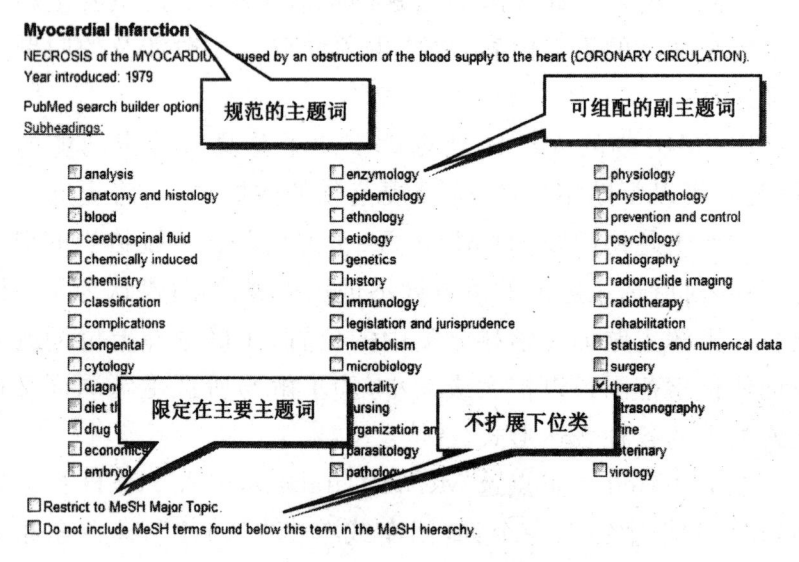

图 2-2 MeSH 词及其可组配副主题词

---

① 李红梅，王振亚. 医学信息检索与利用[M]. 北京：人民邮电出版社，2013：98

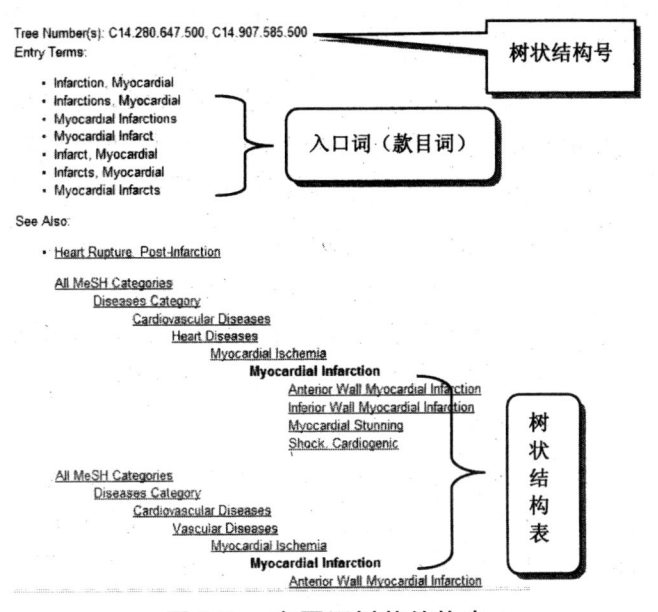

图 2-3　主题词树状结构表

当对以上选项进行限定后，单击 Add to Search Builder，选择下拉菜单中的 AND、OR 或 NOT，将其加入 PubMed Search Builder 中。可重复以上步骤，对多个主题词/副主题词进行选择，最后单击 PubMed Search 键，即可将在 MeSH 数据库中构建好的检索式送入 PubMed 主页提问框中进行检索。MeSH 数据库默认对所选主题词的所有副主题词、所有下位词及所有主题词字段（包括主要主题词和次要主题词字段）进行检索。

总而言之，主题词检索法虽然稍嫌繁琐，但其检索结果的准确性高，遗漏率低，可算得上是最佳检索方法，一旦熟练掌握，将使得我们的检索工作事半功倍。

(四)临床咨询(Clinical Queries)

临床咨询是专为临床医生设置的循证医学证据检索界面，通过 Clinical Study Category 可对疾病的治疗（Therapy）、诊断（Diagnosis）、病因（Etiology）、预后（Prognosis）方面的文献进行检索，同时还可通过检索范围过滤器（Scope）对检索策略的敏感度(Broad)、特异度(Narrow)进行限定；通过 Systematic Reviews 可查看系统综述、Meta 分析、临床试验评述、临床实践指南等类型的文献。

(五)检索结果的显示、存盘、打印

1. 显示检索结果(Displaying)

PubMed 系统可用 6 种不同的格式将检索结果显示出来,默认为 Summary 格式。打开 Summary 下拉菜单,从中选择一种预设格式并用鼠标单击,然后单击 Display 键,系统按所选格式全部检索结果:如果只需要显示其中一部分记录,则需单击该记录左边的选择框,使标记后,再单击 Display 键;如果只需显示一条记录,则可直接单击该记录中的作者姓名超链,系统会自动显示该记录的文摘格式,在此界面,也可选择其他格式令系统显示。

其中,"ASN.1"(Abstract Syntax Notation One)格式是一种国际标准,平台之间(包括计算机之间、Pager 与计算机,以及许多其他可能的联结设备之间)的相互操作可借助于该格式来实现。

单击 Text 键,记录的纯文本形式即可被系统显示出来。

单击 Show 键,可以对每页显示的记录条数进行选择。

单击 Select Page 的数字,相应 Web 页的记录即可显示出来。

2. 保存检索结果(Saving)

PubMed 系统可用不同的格式(同显示格式)使检索结果得以保存,其默认 Summary 格式。5000 条是 PubMed 系统所允许的最多可保存的记录。

要保存全部检索结果时,打开 Summary 下栏菜单选择其中一种格式,然后单击 Save 键即可；要保存特定记录时,单击记录左边的选择框予以标记后,再单击 Save 键。

存盘时,"query.fegi"为 PubMed 默认文件名。该文件名可以修改,文件格式也可在".fegi"和".txt"中选择。选择.txt 格式,便于用文字处理软件和文本编辑器将所存文件打开。如果想存为超文本格式,则需要使用 Web 浏览器的"另存为"功能,并选择".html"格式后再进行存盘。

3. 打印检索结果(Printing)

使用浏览器的打印功能,可将 Web 页上显示的检索记录均打印出来,默认值为 20 条。若检索结果比默认值要多的话,则需对每页显示的记录数进行修改。单击 Show 键,选择每页显示的条数,然后再打印。系统允许每页最多显示 500 条记录。如果想打印成文本格式,请先单击 Text 键,然后才能进行打印操作。

二、EMBASE

(一)EMBASE.com 概述

EMBASE.com(网址为 http://www.embase.com 或 http://www.elsevier.com/online-tools/embase)是荷兰 Elsevier Science 公司 2003 年推出的荷兰《医学文摘》网络数据库,是基于 Web 版的生物医学与药学文摘型数据库,收录文献来源于 70 多个国家和地区出版的 7000 多种期刊。文献的内容涉及面比较广,如药物研究、药理学、制药学、药剂学、药物不良反应、毒理学、基础生物医学、生物医学工程、公共卫生、精神病学与心理学等。它将 EMBASE 记录(1974 年至今)与 Medline 记录(1966 年至今)有效结合在一起,构建成 EMBASE 和 Medline 统一的检索平台,用户可以对两个数据库进行检索,而且检索结果自动去除重复记录。EMBASE.com 的数据每日更新。

和其他同类生物医学文摘型数据库比起来,EMBASE.com关注的重点是药物文献及药物信息,对检索药学和神经精神卫生学科文献具有一定的优势,是检索医药学证据来源的必备检索工具。

截止目前,提供 EMBASE 检索服务的检索系统非常多,如 EMBASE.com、DataStar、DIALOG、DIMDI、LEXIS/NEXIS、OVID Online、SIN、WinSPIRS 等。每一个检索系统收录的文献的年代、更新频率、检索途径和检索方式均会存在或多或少的差异。

(二)EMBASE.com 的检索途径与方法

EMBASE.com 提供了"Search""Journals & books""Online tools"和"Authors,editors & reviewers"四种检索途径,其他三种检索途径暂不考虑,仅"Search"就已经提供了快速检索、高级检索、字段检索、药物检索、疾病检索和文章检索这六种检索方式。

1. Search 检索

①快速检索(quick search):使用自然语言检索,默认在所有字段中检索,可用单词、词组或检索式进行检索,只有加单(双)引号时才能检索词组。

②高级检索(advanced search):通过对相关的扩展或限制选项进行选择,才能够有效提高检索结果的查全率或查准率。高级检索还提供了如文献类型、研究对象、专业领域、语种、是否含摘要、是否含分子序列号等更多的限制选项,以供用户选用。

③字段检索(field search):提供了 22 个字段,除常规字段外,一些体现 EMBASE.com 检索特色的字段也包含在内,如器械制造商(dr)、器械名称(dn)、药物生产商(ran)、药物名称(tn)、EM 分类号(cl)、分子序列号(ms)等。

④药物检索(drug search):通过药物名称字段进行检索,是

EMBASE.com 的特色检索途径之一。系统提供了 17 种疾病链接词(disease links)和 47 种投药方式(routes of drug administration),使检索深度得以有效增加。

⑤疾病检索(disease search):用于疾病名称的检索,提供了 14 种疾病链接词,从而使疾病的某一类或几类分支的相关文献得以更加精确地检索出来,如疾病并发症、诊断、病因、不良反应、治疗等,使相关性得以尽可能地提高。

⑥文章检索(article search):用于迅速查找某篇具体文献。在作者、期刊名称及其缩写、期刊卷或期及文章首页数、CODEN 号码、ISSN 等限制项中输入一项或多项检索词,单击"Search"按钮即可检索。

2. Journals & books 检索

Journals & books 检索提供期刊浏览功能,检索的范围仅为 EMBASE 收录的期刊,Medline 独有期刊除外。检索时可按期刊的名称、学科主题、出版商信息三个途径进行浏览。层层展开,期刊被收录的具体卷期情况和相应的文章均可被查看到。

3. Online tools 检索

EMTREE 词库是对生物医学文献进行主题分析、标引并供检索时使用的权威性词表,包含 48000 多个药物与医学索引术语,共分为 15 个大类,从一般到专指,层层划分。单击主页面"Online tools"链接,系统提供"查找术语"(Find Term)、"分类浏览术语"(Browse by Facet)和"按字顺浏览术语"(Browse A-Z)三种检索方式。单击所需浏览的术语,可显示其在 EMTREE 中的位置(树状结构)及同义词、道兰氏医学词典对该术语的解释,并可将该术语"加入检索框"(Add to Search Form)。

4. Authors, editors & reviewers 检索

想要简单快捷地进行检索,可以利用 EMBASE 数据库检

索作者这一手段,单击主页面的"Authors,editors & reviewers"链接,可根据作者的姓名,按姓在前、名字在后用缩写的格式将相应记录查找出来。如输入 Smith J. A. 直接进入检索,即可获得该作者发表的论文。当作者名称较长或不确定时,可以对前半部分主要词根进行检索,这样的话就会得到更多的作者姓名复选框的提示。

(三)检索结果的处理

检索结果包括题名、作者、刊名、出处、全文链接标识等信息。单击每条记录序号前的复选框可以实现文献的标记,将其选定或取消选定。下载方式也有三种可供选择,如打印、存盘和发送至 E-mail 邮箱。在浏览检索结果后,可对所选定的文献进行标记,也可将所有的文献记录都标记起来。选择好标记后,单击"Selected"按钮,屏幕上方出现将记录以 E-mail 发送到指定的地址。也可直接将记录输出到 ProCite、EndNote 或 Reference Manager 等文献管理软件中,利用浏览器上的菜单从而实现打印或存盘操作。

每个检索式后除了有生成的检出文献量外,还分别有 Data Analysis、View 和 Edit 三个按钮。其中 Data Analysis 以柱状图的形式显示检索年代与相应的文献量;单击 View 则屏幕下方会将该检索式生成的结果显示出来;单击 Edit 可重新编排检索式。在每条记录的题录后面,单击"Full Text from…"可链接全文,若用户具备相应数据库的使用权,即可直接获取全文。

三、OVID

(一) OVID 数据库概况

Ovid 技术公司是全球先进数据库提供商之一,由 Mark Nelson 于 1984 年创建于纽约,2001 年 6 月收购 Silver Platter

(银盘)公司,组成全球最大的电子数据库出版公司。目前OVID数据库平台收录的人文、科技方面数据库多达300多个,其中生物医学数据库涉及临床各科专著及教科书数据库(Books@Ovid)、循证医学(EBM Reviews)、医学 MEDLINE、EMBASEDrugs & Pharmacology、BIOSIS Previews 以及医学期刊全文数据库(Journals@OVID)等多方面内容。

Ovid 期刊全文数据库(Journals@Ovid)提供60多个出版商出版的科学、技术及医学期刊2300种。其中包括:①LWW(Lippincott、Williams & Wilkin)期刊(279种临床医学及护理学期刊,其中约150种被SCI数据库收录,且影响因子较高);②BMJ电子期刊(BMJ Publishing Group Ltd 出版23种医学期刊,其中被 SCI 收录的期刊有21种之多);③OUP 电子期刊(Oxford University Press,OUP是世界上规模最大的大学出版社,其出版的图书、期刊一直以来得到用户的高度评价,备受专家和学者的信赖和赞誉。OUP出版物涉及的学科范围广泛,囊括了所有主要的医学领域,其中被SCI收录的有45种之多,影响因子也较高)。

Ovid 将资源集中在统一平台上,并借助于资源间的链接为用户提供一个强大功能的平台,在该平台上,可以检索或浏览到综合讯息方案、数据库、期刊电子参考书及其他资源,并且可由文献中的参考索引链接到该文献的全文(Full Text)。现在该数据库的回溯期最早已经达到1993年。

2008年,Ovid 现有平台正式升级为 OvidSP 版,集合了银盘平台和 Ovid 平台上所有强大的精确检索功能,且在一定程度上对全文和书目数据库平台进行了改进。

Ovid 数据库平台主页:http://ovidsp.ovid.com。Ovid 数据库只有授权用户通过登录后,才能使用该数据库平台。

(二)Journals@Ovid 的检索途径及方法

在选择数据库资源界面,"Journals@Ovid full text"囊括了

Ovid 收录的所有 2300 多种期刊。而用户所在图书馆订购的期刊是包含在了"Your journals@Ovid"之中的。前者是在所有期刊范围内进行浏览、检索,而后者进行检索的范围局限于订购的期刊。

"Journals@Ovid"主界面主要包括 Search(检索)、Journal(期刊浏览)和 My workspace(我的空间)三个功能界面。

检索界面:①当前数据库:显示当前正在使用的数据库,想要选择其他数据库的话,可以通过点击"Change Database"来实现。②检索功能区:包括基本检索(Basic Search)、题录检索(Find Citation)、字段检索(Search Fields)、高级检索(Advanced Search)、复合检索(Multi-Filed Search)五种检索模式,以及检索条件限制选项(Limits)。③检索历史栏:包括检索序号(♯)、检索策略(Searches)、检索结果(Results)及检索结果显示(Display)、检索组合(Combine Selections With)、删除选择的检索结果(Remove Selected)以及保存检索历史(Save Search History)等。

期刊浏览:通过"Journals"链接,可以进入期刊浏览界面,可通过"期刊名字顺浏览(A-Z)"和"按学科分类浏览(Subject Categories)"两种方式进行浏览。在上方的检索框内输入刊名直接检索也是可行的。

(三)OvidSP 的检索方法

在选择数据库界面选择或使用"change"功能选择 MEDLINE 系列数据库,则进入 OvidSP 检索。该数据除了具有 Journals@Ovid 所有检索功能的基础上,还提供主题词的自动匹配(Map Term to Subject Heading),方便用户从主题途径检索文献。下面对"Map to Subject Heading"功能做简单介绍:

①进入 Advanced Ovid Search,在检索画面中将"Map to Subject Heading"勾选上,选择"KeyWord"字段,在检索框内将检索词输入进去,点击"Search",系统会自动从树状结构或索引

典(Tree or Thesaurus)将相关主题标题查找出来,理想的检索词可由用户自己来选择。

②当系统呈现出所输入关键词相关的控制词汇即 MeSH 词时,可以从中选择一个词汇去了解其 Tree or Thesaurus 的结构,以决定所需主题词。

③可以在所要的词汇旁边的方块作勾选(Select),或者利用下拉式选单选择两个或更多个词汇作布尔逻辑的组合(Combine selections with AND、OR)。

④可以勾选"Explode"或"Focus"下方的方块,其功能分别为:扩展功能(Explode):检索该主题词本身及其所有下位词(narrow terms),当需要查询较完整的资料时,建议可选择 Explode 功能;聚焦功能(Focus):类似于 PubMed 的主要主题词检索,是为了满足较准确文献内容查询的需要。

⑤点击"Contiune",系统会将可组配的副主题词(Subheadings)列表显示出来。可通过选择框选择一个或多个副主题词。副主题词间的关系可通过其上方的"Combine selections with"下拉菜单选择 AND 或者 OR。OR 为默认关系。

⑥点击"Contiune",系统会将检索结果显示出来。

(四)辅助检索工具(Search Tools)

①主题词(map term):提供主题词的查询和检索。
②树状结构(Tree):提供主题词树状结构的查询和检索。
③交替索引(Permuted Index):提供相关索引词汇查询。
④范围定义(Scope Note):提供主题词简单的定义及应用说明。
⑤扩展检索(Explode):提供所输入主题词的扩展检索。
⑥副主题词(Subheading):提供所输入主题词的所有副主题词。

(五)检索结果的浏览与输出

1. 检索结果的显示

符合检索条件的文章会在检索清单里显示出来,通常一次呈现十篇,点选"Abstract"呈现一般书目资料,资料来源及摘要内容均包含在内,点选"Complete Reference"会将完整的书目资料呈现出来,包含书目索引资料及主题标题和摘要。

2. 检索历史栏

系统会将检索项次在检索清单上方的检索历史栏"#"字段中呈现,在"Result"位置呈现出检索文献结果,检索结果的内容的查看可通过"Display"来实现。

3. 标记

用户可以在检索清单的小方框将想要浏览的文章篇名勾选出来,以便在书目管理(Citation Manager)功能中做资料储存、打印或邮寄。

4. 资料输出

页面下方书目管理功能 Action 字段提供浏览资料(Display)、预览打印(Print Preview)、Email、存盘(Save)等功能。

(六)系统的个性化服务

系统能够提供如保存检索策略、信息推送服务等个性化服务。但用户需要完成注册(免费注册一个账号),利用注册了的账号登录检索平台后就能保存检索策略、信息推送服务。

①Saved searches/alert 保存或查阅检索策略:此功能能够将保存检索策略的页面打开,用户可以对检索策略进行保存、删除、编辑或重新执行检索。

②保存编辑好检索策略后,可以利用系统的 alert 功能:当数据库有新的数据加入后,系统自动调用保存好的策略进行检索,如果有命中的文献,则系统会自动发 E-mail 给用户,用户就会收到有新的命中文献的提醒。

参考文献

[1]陈红勤等. 医学信息检索与利用[M]. 武汉:华中科技大学出版社,2014.

[2]李晓玲,符礼平. 医学信息检索与利用[M].5 版. 上海:复旦大学出版社,2014.

[3]李红梅,王振亚. 医学信息检索与利用[M]. 北京:人民邮电出版社,2013.

[4]李红梅. 医学信息检索与利用[M]. 北京:科学出版社,2014.

[5]伍舜璎. 论国内三大中文文献全文检索系统在图书馆参考咨询服务中的选择应用[J]. 才智,2009,(18).

[6]李伟华,王通,顾英. 互联网上科技报告资源的分布与获取[J]. 中国科技资源导刊,2009,(06).

[7]王亚凤,颜惠,罗国峰. 科技查新之工作经验谈——以万方"查新咨询服务中心"为例[J]. 农业图书情报学刊,2011,(02).

[8]史艳莉等. 探讨中国生物医学文献数据库改版升级"一框六键"检索技巧与应用[J]. 中国医学装备,2014,(09).

[9]王凌. 国内三种常用中文数据库检索功能的比较研究[J]. 现代情报,2010,(07).

[10]程艾军. CBM 数据库在医药卫生科技项目查新咨询中的应用研究[J]. 医学信息学杂志,2011,(08).

[11]常海庆等. 基于 MeSH 的临床医学工程主题词分布研究[J]. 现代医院,2012,(12).

第三章 特种医学文献信息资源检索

  特种文献是指图书、期刊以外的各种文献资料,即非书非刊资料,是一种出版形式比较特殊的文献,也被称作"灰色文献",包括学位论文、会议资料、专利文献、技术报告、技术标准、政府出版物、产品样本、产品说明书等。其特点是种类繁、内容广、数量多、报道快、参考价值大,是重要的信息源。本章主要介绍了学位论文、会议文献、专利文献、标准文献的检索工具、检索途径和检索方法。

第一节 学位论文检索

  近年来随着我国教育规模的不断扩大,本科生、研究生、博士生数量的剧增,学位论文作为一个特殊的文献形式也在与日俱增,从而形成了重要的医学文献信息源。

一、学位论文的概念

  学位论文(Dissertation)主要指高等教育机构的学生在导师指导下为获得学位独立完成并获论文答辩通过的学术研究论文。具有一定的科学性、学术性和新颖性。对教学科研有一定的参考意义。学位论文一般由各高校或科研机构收藏,或是由相关机构广泛收集所建的学位论文数据库。由于各国教育制度规定授予学位级别之间的差异,学位论文也相应有学士学位论文、硕士(或副博士)学位论文、博士学位论文之分。

二、国内学位论文检索

(一)中国优秀博硕士学位论文全文数据库

《中国博士学位论文全文数据库》(China Doctoral Dissertation Full-text Database,CDFD)和《中国优秀硕士学位论文全文数据库》(China Master's Theses Full-text Database,CMFD)是中国知网(CNKI)系列数据库之一,由清华同方知网研制开发,985、211高校、中国科学院、社会科学院等重点院校高校的优秀博硕士论文、重要特色学科如通信、军事学、中医药等专业的优秀博硕士论文是其重点收录对象。用户可以通过访问中国知网(http://www.cnki.net)来使用学位论文。

中国博士学位论文全文数据库和中国优秀硕士学位论文全文数据库的检索界面没有差别,均由基本检索、高级检索、专业检索、科研基金检索以及句子检索组成。

在"基本检索"页面下,主题、题名、作者、导师、学位授予单位、关键词、摘要、目录、全文、参考文献、中图分类号和学科专业名称这些都是可检索的子段。

"高级检索"是在同一界面下,完成多个字段的组合检索。

文章的下载方式有分页下载、分章下载、整本下载,还可以选择在线阅读CAJ格式的全文。

(二)中国学位论文全文数据库

中国学位论文全文数据库是万方数据系列数据库之一,该库中的学位论文是文摘资源。该库收录自1980年以来我国自然科学领域各高等院校、研究生院以及研究所的硕士、博士以及博士后论文共计136万余篇,其中211高校论文收录量占总量的70%以上,论文总量达110余万篇,每年增加约20万篇。用户可通过:http://www.wanfangdata.com.cn/访问,单击"学位"进入学位论文浏览页面。检索方式有基本检索、高级检索和专业检索供用户选择。

(三)国外学位论文数据库

1. PQDT

PQDT(ProQuest Dissertations & Thesis)学位论文全文库是目前国内唯一提供国外高质量学位论文全文的数据库,是ProQuest公司旗下数据库。1938年,当时的UMI公司(现已更名为ProQuest)开始收集博士论文,由此迄今为止世界上最大的国际性博硕士论文数据库PQDT得以诞生。ProQuest公司是美国国家图书馆——国会图书馆指定的唯一收藏全美博硕士论文的馆外机构;同时也是加拿大国家图书馆指定收藏全加拿大博硕士论文的机构。

PQDT数据库属于文摘索引型数据库。来自欧美1700多所大学的270多万篇学位论文均已收录到该数据库中。涵盖了从1637年直到本年度本学期获得通过的博硕士论文信息。PQDT数据库内容更新的频率为每周更新一次,使最新的学位论文能够及时被收录。目前,平均每年新增论文条目约7万篇。在学术研究中具有的参考价值非常重要。

PQDT数据库分为A、B两卷,其中ProQuest Dissertation & Theses,Section A[简称PQDTA(人文社科卷)]涵盖人文社科专业各个学科领域;ProQuest Dissertation & Theses,Section B[简称PQDTB(理工卷)]涵盖理、工、农、医专业的各个学科领域。数据库中除收录与每篇论文相关的题录(Citations)外,1980年以后出版的博士论文信息中作者本人撰写的350个字的文摘也包含在内,硕士论文信息中含有150个字的文摘。对于绝大部分论文,提供论文前24页内容预览。目前,PQDT数据库中还集成了开放存取的论文全文,共计8000多篇。今后,每年预计新增约2000~3000篇。

用户想要访问的话可通过 http://proquest.umi.com/来实现。PQDT 数据库使用 ProQuest 检索平台提供访问,用户可在一个平台上实现 ProQuest 多个数据库的检索,ProQuest 检索平台提供中文的检索界面,使用简便。PQDT 数据库提供基本检索、高级检索和论文浏览三种途径。默认的检索方式就是简单检索,在检索选项中,可浏览和查找论文的作者、学校、学科,从中选择并添加为新的检索词。同时对检索结果的限定也可通过检索选项的利用来实现。高级检索可按论文题目、作者、学科名、主题、导师、学校、引文及摘要、语言等字段进行检索,并可实现多字段组合检索从而将所需要的内容进行精确定位。论文浏览功能可按学科和毕业学校所在的国家或地区来将相关的学位论文查找出来。ProQuest 平台支持 XML、RSS Feeds 功能,并可定制系统提示功能(Alert)。

2. 美国网络学位论文数字图书馆

美国网络学位论文数字图书馆(Networked Digital Library of Theses and Dissertations, NDLTD)是由美国国家自然科学基金支持成立的,是一个网上学位论文共建共享项目,提供 Open Archives Initiative-OAI 的学位论文联合目录,目前包含全球十几家成员,多数论文提供 PDF 全文。

NDLTD 提供各学科免费的学位论文文摘,部分学位论文可免费获取全文(根据作者的要求,NDLTD 文摘数据库链接到的部分全文分为无限制下载、有限制下载以及不能下载几种方式)。用户可通过 http://www.ndltd.org/来进行访问。

3. 其他学位论文资源

(1)MIT Theses

麻省理工学院学位论文,收录 MIT 麻省理工学院学位论文,大部分有全文,其中,全文的下载耗时较长。用户可通过:http://dspace.mit.edu/handle/访问。

(2) Theses Canada

加拿大学位论文门户,1965年至今的加拿大部分大学的学位论文均可被在线检索到,1998年之后的学位论文部分提供全文。

用户可通过:http://www.collectionscanada.gc.ca/thesescanada/index-e.html 访问。

(3) ADT(Australasian Digital Theses program)

澳大利亚数字学位论文项目整合了澳大利亚高校的数字博、硕士论文,全部学位论文的文摘均可被免费浏览;根据论文作者授权的不同,还可以免费阅读学位论文的前两章或全文。

用户可通过:http://www.caul.edu.au/caul-programs/australasian-digital-theses 访问。

第二节 会议文献检索

一、会议文献概述

(一)会议文献的定义

会议文献(Conference Literature)一般是指在各种学术会议上发表的学术报告、会议录以及论文集。进一步划分的话,会议文献还可以分为会前文献和会后文献。会前文献包括会议日程报告、征文启事等,是对会议内容及召开的时间、地点等的一种预告,为科研人员及时了解和掌握世界范围的专业会议信息、撰写会议论文并参加会议提供了帮助。不难理解,会后文献是指会议结束后出版的会议文献,形式多种多样,主要包括会议录、专题论文集、会议论文汇编、会议论文集、会议出版物及会议纪要。

会议文献有图书、期刊、科技报告、在线会议等多种出版形式供选择。会议文献的表达形式也比较多样化,这就在无形之中给揭示、检索增加了难度。所以说,在各类文献中,会议文献的收集和检索的难度都是比较大的。

会议文献的名称包括会议录(proceeding)、讨论会、研讨会文集(symposium series)、学术报告、讨论会论文集(colloquium papers)、会议论文汇编(transactions)、会议记录(records)、会议报告集(reports)、会议论文集(conference papers)、会议出版物(publications)以及会议辑要(digest)等。

(二)会议文献的特点

由于重要的医学会议都会有一些国内外的行业领军人物、主要专家学者参加并作大会主题报告,当今生物医学领域的重大课题往往会作为医学会议文献的主题,许多新问题、新见解、新成果和新进展均包含在内,具有专业性、针对性强,连续性强,使某一专题各阶段的研究重点和发展趋势都尽可能地反映出来,内容新颖,学术水平高,信息量大,涉及的专业内容集中,可靠性高,及时性强,出版发行方式灵活,收集难度大等特点。因此,截止到目前,会议文献在十大科技信息源中,其利用率仅次于科技期刊。对于医学工作者来说,医学会议文献可以说是获取最新医学信息、掌握学科前沿动态的重要信息源。

二、国内会议文献检索

在我国,常用的会议检索文献有 CNKI 中国重要会议论文全文数据库、万方中国学术会议论文全文数据库、NSTL 会议论文数据库,下面对 NSTL 会议论文数据库做重点介绍。

1. 概述

NSTL 会议论文数据库(网址为 http://www.nstl.gov.cn)由国家科技图书文献中心(NSTL)提供,囊括了中国会议论文数据库和外文会议论文库。中国会议论文数据库收录了1985 年以来我国国家级学会、协会、研究会及各省、部委等组织召开的全国性学术会议论文。数据库的收藏重点为自然科学各专业领域,每年涉及600余个重要的学术会议,年增加论文4万余篇,更新频率为一个季度更新一次或者是一个月更新一次。外文会议论文数据库主要收录了1985年以来世界各主要学会、协会、出版机构出版的学术会议论文,部分文献有少量回溯。学科范围涉及工程技术和自然科学各专业领域。每年增加论文约20余万篇,更新频率为一周更新一次。免费检索可查看会议论文的文摘。全文文献的获取须付费或进行原文传递。

2. 检索方法

进入 NSTL,单击首页上的"中文会议"或"外文会议"进入检索界面,如图3-1[①]所示。

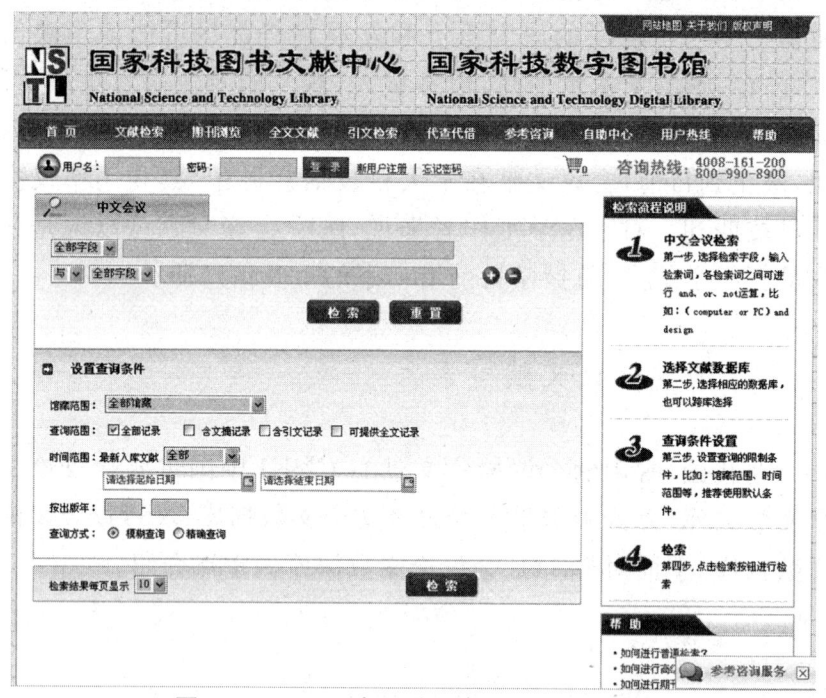

图3-1 NSTL会议论文数据库检索界面

---

① 陈红勤等. 医学信息检索与利用[M]. 武汉:华中科技大学出版社,2014:118

NSTL 提供的检索选项有题名、作者、关键词、会议时间、会议名称、ISBN、文摘等，检索词之间的关系通过"与""或""非""异或"等检索条件加以限制。

三、国外会议文献检索

下面重点介绍 Web of Science 的 CPCI。

CPCI 为文摘索引型数据库，集中了世界上新鲜出炉的会议资料，提供 1990 年以来重要会议、讨论会、研讨会等的会议论文的文摘、出版信息、相关会议信息等内容，此外，还囊括了 1999 年至今的文后参考文献。参考文献类型包括图书、期刊、科技报告、出版商或学会出版的连续出版物、预印本、国际会议录等。会议论文内容涉及自然科学、社会科学艺术与人文科学的各个领域，数据保持每周更新一次的频率。

四、国内外医学会议信息检索

参加学术会议对促进学术交流、共享科研成果、掌握专业发展动态非常有帮助，为进一步专业研究和学术交流积累信息。及时获悉如学术会议召开的时间、地点、主题和会议征文通知等学术会议信息，是撰写学术会议论文、参加学术会议的指南。

随着因特网的产生与应用范围的不断扩大，网络为文献信息的获取提供了一种全新的方式。目前，在因特网上检索各种会议信息都非常方便快捷，可通过医学搜索引擎和综合性搜索引擎及医学专业网站来获取医学会议信息。

(一)通过搜索引擎检索

可以在 Yahoo、Google、百度、搜狐、新浪等搜索引擎的检索框内输入会议的关键词，从而实现不同专业医学会议信息的搜索。例如，查找 2008 年关于癫痫方面的学术会议，将"癫痫

2008会议"输入到检索框中,即可找到相关信息。如果对检索结果不够满意的话,可以把会议一词换成"学术会""研讨会""会讯"等再进行检索。英文会议一词可使用 meeting、proceeding、conference、congress、symposium、proseminar 等词检索。还可使用高级检索,检索结果会更加切合实际需要。

另外,也可以利用分类目录进行检索。单击各搜索引擎如 Sohu(搜狐)或 Yahoo(雅虎)的 Health(卫生与健康)类目下的 Conferences(会议与展览)类目,逐层展开检索,可获取会议的中英文信息。但这类常规网络检索工具,检索的信息集中度不够。

(二)通过专业网站检索会议信息

提供医学会议信息的网站很多,这些网站报道会议预报信息较全面、系统、及时,想要了解各种会议信息及会议文献内容的话只要及时跟踪即可。

1. 医学会议在线

医学会议在线(网址为 http://www.medig.com.cn)汇集了大量的国内外医学会议信息,数据更新的频率也很高,保持在每日一次。医学会议在线主页设有会议搜索、最新会议、近期会议、会议报道、会议微博、会议调研以及管理会议等栏目,提供按科室归类会议信息的学科分类导航及会议信息的检索功能。用户可将检索词输入到首页的检索框中,选择会议类型和会议地点等进行检索操作。网站还为注册会员提供发布会议信息、在线会议报名以及在线提交会议论文等个性化服务。

2. 中国学术会议在线

中国学术会议在线(网址为 http://www.meeting.edu.cn)是经教育部批准,由教育部科技发展中心主办,立足于为广大科技人员的科学研究与学术交流信息提供服务的一个平台,有国内外学术会议预报、会议评述、报告视频以及经验交流等内容，提供模糊检索、会议检索、视频检索、会议论文摘要检索等，或者按学科分类实现对相关专业学术会议的查询。查询结果包括会议所属学科、会议名称、会期、会址、论文拟被收录情况、论文摘要截止时间等，此外，还会有一些详细信息被记录下来。

3. 医生指南会议资源中心

医生指南会议资源中心（Doctor's Guide：Congress Resource Centre，简称 CRC）网址为 http://www.docguide.com，是著名的美国医学网站 Doctor's Guide 的一个预报医学会议信息的栏目。正在召开的和即将召开的世界各国医学会议信息均是它能够提供的，且能够实现会议信息的浏览与检索。

CRC 提供基本检索、浏览检索和高级检索这三种检索方式。一是基本检索，在检索框中输入关键词或时间、地址名词，便可检索到相关的会议信息，如在检索框输入"China"，可检索出即将在中国召开的会议信息。二是浏览检索，可按会议所属专业、会议日期、会议地点实现会议信息的逐层浏览。三是高级检索，可用逻辑运算符 AND、OR、NOT，加引号（""）实现短语检索，运用＊、？进行截词检索。在检索框内输入检索词或者检索表达式后进行检索，可获得所需要的会议名称、开会日期、会议地点、联系人、联系电话及 E-mail 地址等会议信息。此外，为了更好地为用户提供服务，每一条会议信息下都有会议召开地点的天气、航班、旅游、饮食、住宿、订票以及货币汇率等信息。

4. 学术会议网医学会议预报

学术会议网医学会议预报（网址为 http://www.medical.theconferencewebsite.com）能够提供国际上医学会议信息及继续医学教育课程的免费查询，其检索途径有简单检索和高级检索两种。高级检索的检索字段包括关键词、会议名称、会议地点以及会议日期等。例如，检索在中国召开的有关糖尿病的会议信息,可通过高级检索途径来进行检索,选择专业"Endocrinology and Diabetes",在检索框中输入检索词 diabetes,在会议地点输入框键入 China,单击"Search"即可。

第三节 专利文献检索

一、专利概述

(一)专利及专利文献的概念

专利(patent)的含义包含以下三个方面:①专利权,受专利法保护的权利;②受专利法保护的发明,获得专利权的发明创造;③专利文献,即受到专利法保护的技术范围的法律文件[①]。

根据世界知识产权组织的定义,所谓的专利文献是指包括已出版或未出版的已经申请或被确认为发明、发现、工业品外观设计和实用新型的研究、开发、设计和试验成果的有关资料,以及保护专利所有人、发明人及工业品外观设计和实用新型注册证书持有人权利的有关资料的总称。狭义的专利文献专指发明人或申请人申请专利时提交并由专利局出版的某种发明的技术说明书即专利说明书或专利发明书。接下来将要讨论的专利文献是后一种。

(二)专利的类型

我国的专利类型有以下三种。

---

① 李红梅,王振亚.医学信息检索与利用[M].北京:人民邮电出版社,2013:158

1. 发明专利

发明是指对产品、方法或者其改进所提出的新技术方案。发明专利并不要求其是经过实践证明可以直接应用于工业生产的技术成果,可以是一项解决技术问题的方案或是一种构思,具有在工业上应用的可能性。新颖性、创造性和实用性是发明专利需要体现出来的。

2. 实用新型专利

对产品的形状、构成或者其结合所提出的适于实用的新的技术方案。发明水平较低,更多的是一些小的改革。

3. 外观设计专利

外观设计是指对产品的形状、图案或其结合以及色彩与形状、图案的结合所做出的富有美感并适于工业应用的新设计。

其他国家除了有以上三种专利类型外,还有植物专利、防卫性专利。

(三)国际专利分类表

根据1971年签订的《国际专利分类斯特拉斯堡协定》编制而成了《国际专利分类表》(International Patent Classification,简称 IPC),是目前唯一国际通用的专利文献分类和检索工具。此表修订的频率为每五年修订一次。IPC 体系采用的是部(section)、类(class)、小类(subclass)、组(group)和分组(subgroup)的等级结构,将内容逐级分类形成了一个完整的分类体系。一个完整的 IPC 号如下:A61B17/00(A 表示部号,61 表示大类号,B 表示小类号,17/00 表示主组/分组)。

根据 IPC 协议,IPC 的分类仅针对发明和实用新型专利文献(包括出版的发明专利申请书,发明证书说明书,实用新型说明书和实用证书说明书等)进行,而对外观设计专利的分类就需要借助于国际外观设计分类法(也称为洛迦诺分类法)进行。

二、专利文献检索

专利文献信息构成专利文献。

(一)国内专利信息检索系统

中国国家知识产权局目前提供了中国专利的三个免费检索站点:国家知识产权局专利检索咨询中心主办的中国专利信息网检索系统,网址是 http://www.patent.com.cn;国家知识产权局知识出版社制作维护的国家知识产权网站,网址是 http://www.sipo.gov.cn/sipo/zljs/default.htm;中国专利信息中心,网址是 http://search.cpo.cn.net/或 http://jiansuo.com。以下对国家知识产权网站的专利信息检索做重点介绍。

1. 国家知识产权网站(SIPO)专利检索系统:http://epub.sipo.gov.cn/index.action

SIPO 提供的专利信息数据库将 1985 年以来所有已公开或公告的近 200 万件中国专利文献均收录在内,包括文本式著录数据、摘要和 TIF 图像格式的说明书(其中,1985～1996 年的外观设计专利未对此提供特别说明)。SIPO 专利数据库内容的更新与中国专利公报的出版保持同步,即每周二更新 1 次。

SIPO 系统提供的检索方法有菜单检索和 IPC 分类检索,下面介绍一下菜单检索。

在此检索页面的上方有"发明专利"、"实用新型专利"和"外观设计专利"三种选择。检索既可以在全部专利中进行,也可以选择在发明、实用新型、外观设计三种专利中选择一个来进行。

菜单检索页面有申请(专利)号、摘要、分类号、公开(告)日、申请(专利权)人、地址、颁证日、代理人、名称、主分类号、公开

(告)号、发明(设计)人、国际公布、申请日、专利代理机构以及优先权等十六个检索入口。

该检索页面支持布尔逻辑运算式检索。系统未对英文字母大小写做任何区分,前方匹配是所有检索入口都支持的,申请号可实行模糊检索,模糊部分位于申请号起首或中间时应使用模糊字符"%",位于申请号末尾时模糊字符可省略。在默认状态下,检索范围是全部专利信息,检索也可从发明专利、实用新型或外观设计三种专利形式来分别进行。

2. 中国知网专利数据库

《中国知网专利数据库》囊括了《中国专利全文数据库(知网版)》和《海外专利摘要数据库(知网版)》。其中,美国、日本、英国、德国、法国、瑞士、世界知识产权组织及欧洲专利局六国两组织专利均包含在《海外专利摘要数据库(知网版)》。CNKI各大数据库可以说是专利相关的文献、成功等信息的主要来源。可以通过申请号、申请日、公开号、公开日、专利名称、摘要、分类号、申请人、发明人和优先权等检索项进行检索,国内专利一次性下载专利说明书全文,国外专利说明书全文链接到相关专利局网站。该数据库能够提供高级检索、一般检索以及专业检索三种检索界面。

《中国知网专利数据库》独有的专利知网节,通过将科技研究与创新发明信息有效地整合在一起,揭示专利核心技术、研究背景、应用动态、分布走势,帮助检索者评价或判断专利技术的创新水平。

3. 万方专利数据库

收录了国内外的发明、实用新型及外观设计等专利3200余万项。内容涉及自然科学各个学科领域,每年增加约25万条,中国专利每周都会更新,国外专利每季度都会更新。检索项可以是IPC、专利名称、摘要、申请号、申请日期、公开号、公开日期、主分类号、分类号、申请人、发明人、主申请人地址、代理机构、代理人、优先权、国别省市代码、主权项和专利类型,且有专利全文下载的服务。检索结果分类可按照国际专利分类(IPC分类)、发布专利的国家和组织、专利申请的日期来进行。

(二)国外专利检索系统

1. 世界知识产权组织(WIPO)专利数据库

1967年7月14日,在瑞典的斯德哥尔摩,由"国际保护工业产权联盟"(巴黎联盟)和"国际保护文学艺术作品联盟"(伯尔尼联盟)于1967年7月14日共同缔约建立了一政府间国际组织——世界知识产权组织(WIPO)。1974年12月,它成为联合国系统下的第14个专门机构。该组织的工作重点是负责通过国家间的合作促进对全世界知识产权的保护,管理建立在多边条约基础上的涉及专利、商标和版权方面的23个联盟的行政工作,且同时负责知识产权法律与行政相关事项。

WIPO提供包括PCT国际、中国、美国、加拿大、印度、欧洲能够世界多个国家的专利数据库服务,这些数据库在WIPO主页(http://www.wipo.int/patentscope/en/dbsearch/national-databases.html)上都有链接。有检索和浏览两种检索方法。

2. 美国专利检索数据库(http://www.uspto.gov/patft/index.html)

该数据库由美国专利商标局提供。由授权专利数据库和申请专利数据库两部分共同组成。授权专利数据库提供1790年至今各类授权的美国专利,1790年至今的图像说明书也包含在内,1976年至今的全文文本说明书(附图像联接);申请专利数据库只提供2001年3月15日起申请说明书的文本和图像。该库提供快速检索、高级检索、精确检索、专利号检索。

第四节 标准文献检索

人类进入文明社会后,依法行事是社会生活的根本保障,标准化对劳动生产率的提高,技术交流的扩大和贸易交流的促进有着举足轻重的作用。鉴于医学工作的特殊性,医学领域标准化的重要程度异常突出,各种各样的标准文献就是由标准化的成果产生的。

一、标准文献的概念

标准是为了在一定范围内获得最佳秩序,经协商一致制定并由公认机构批准,共同使用和重复使用的一种规范性文件。

标准文献是标准化工作的成果。广义的标准文献是指与标准化工作有关的一切文献,标准形成过程中涉及的所有文件均包含在内,如各种档案、宣传推广标准的手册及其他出版物、揭示报道标准文献信息的目录、索引等。

狭义的标准文献是指按规定程序制定,在特定范围(领域)内,经公认权威机构(主管机关)批准的一整套必须执行的规格、规则以及技术要求等规范性文献,简称标准。

在国外,标准文献常以 Standard(标准)、Specification(规格)、Rules(规定)、Instruction(指示)、Practice(工艺)等名称出现。

二、标准文献的类型

(一)按标准的适用范围划分

1. 国际标准

由国际上权威的标准化组织制定并得到国际上承认和适用

的标准,如国际标准化组织(ISO)标准、国际电工委员会(IEC)标准。

2. 区域标准

由世界某一区域性标准化组织召集参与标准化活动的区域团体所制定、审批、通过并实施的标准,如全欧标准(EN)。

3. 国家标准

由国家标准化主管机构批准、发布,在全国范围内统一实施的标准,如中国国家标准。

4. 行业(专业)标准

在没有国家标准而又不得不在全国某个行业范围内统一技术要求的情况下制定和实施的标准,如食品卫生行业标准、药品行业标准。

5. 地方标准

在国家标准和行业标准都不具备的情况下,而又需要在省、自治区、直辖市范围内统一技术要求的情况下制定的标准,如云南省地方标准(DB32)。

6. 企业标准

在企业范围内对需要统一的技术要求、管理要求和工作要求所制定的标准,是企业组织生产和经营活动的重要参考依据,如美国波音飞机公司标准(BAC)。

(二)按标准的性质划分

1. 基础标准

它是在现代工业生产和技术活动中,对那些最基本的、具有广泛指导意义或作为统一依据的技术规定。

2. 产品标准

它是对产品的质量和规格所做的统一规定,质量通过它得以衡量。

3. 方法标准

它是为试验、分析、检验、抽样、测定等操作方法和程序而制定的标准。

4. 原材料标准

产品分类、规格、牌号、化学成分、理化性能、使用范围、保管及验收标准等均是由它来决定的。

5. 安全与环境保护标准

顾名思义,它是以保护人、物、环境的安全或利用而制定的标准。

(三)按标准的成熟度划分

1. 强制性标准

具有法律效力、强制人们遵守的标准。

2. 推荐性标准

由制定和颁布标准的机构建议优先遵守的标准。

3. 试行标准

指内容成熟度不够高,在使用实践中仍需做进一步修订、完善的标准。

三、标准文献的特点及作用

(一)标准文献的特点

标准文献是现代化生产中不可或缺的资料,是标准信息的主要来源,区别于一般科技文献的是:

①针对性强,对适用范围有明确规定。

②制定和审批的程序比较严格。

③编排格式统一,措辞严谨。通常情况下,标准级别、标准名称、标准号、标准提出单位、审批单位、批准时间、实施日期以及具体内容等项目均包含在标准文献中。

④具有一定的法律约束力。有生效、未生效、试用和失效之分。

⑤每件标准都有一个固定不变的标准号,查找起来比较方便。编号方法为"标准代号+序号+颁布或修订年号"。

(二)标准文献的用途

①了解各国经济政策、技术政策、生产水平、资源状况以及制定标准的水平。

②科研、工程设计、工业生产、企业管理、技术转让、商品流通中,采用标准化的概念、术语、符号、公式、量值、频率等有助于技术交流的开展。

③鉴定工程质量、校验产品、控制指标和统一试验方法的技术依据。

④采用国内外先进的标准可以使产品质量得以改进,使工艺水平和技术水平得以提高。

⑤简化设计、缩短时间、节省人力、减少不必要的试验、计算,同时,能够使质量得到保证,成本得以减少。

⑥能够促进企业或生产机构经营管理活动的统一化、制度

化、科学化和文明化。

四、国内标准文献检索

(一)中国标准服务网

1. 概况

于1998年6月开通的"中国标准服务网"是国家标准馆的门户网站（http://www.cssn.net.cn/），国家标准馆是我国唯一的国家级标准文献、图书、情报的馆藏、研究及服务机构，由中国标准化研究院进行管理，是国家标准化管理委员会的基础信息支撑机构。2009年，面向全国服务的"国家标准文献共享服务平台"由国家标准馆推出，借助于门户网站"中国标准服务网"，社会各界能够享受到标准文献查询（查阅）、查新、有效性确认、咨询研究、信息加工、文献翻译、销售代理、专业培训以及其他专题性服务。

2. 检索途径

点击主页导航栏上的"资源检索"进入检索界面，系统提供了简单检索、高级检索、专业检索和分类检索这四种检索方式。

（1）简单检索

只需在检索框中将标准名称或标准号输入进去，进行模糊搜索，用空格将相关字段隔开。如"环境"，或"GB 24613"，或"环境 GB 24613"。

（2）高级检索

设有关键词、标准号、国际标准分类、中国标准分类、采用关系、标准品种、年代号、标准状态等字段输入框，"与"为字段间的默认关系。

(3)专业检索

为用户提供的检索条件限制更加自由,由检索公式和标准品种两部分组成。

检索公式部分的检索框中可直接输入检索词,系统默认在全部字段检索,可通过左侧的下拉列表选择在标准号、标题、主题词、代替标准等字段进行检索。而右侧的下拉列表可以选择所输入检索词的精确匹配抑或者是模糊匹配检索。如果需要用多个检索词进行限制,可点击输入框右侧的+号,使输入框的数量得以增加,并在左侧的下拉列表中选择"与"、"或"从而将不同的检索词连接起来。

标准品种部分提供了中国国家标准、中国行业标准、中国地方标准、国外国家标准、国外学(协)会标准以及国际标准选项。点击各标准品种的名称,相应的子选项即可出现,可根据实际检索要求在相应的子选项前打勾(可多选)。编写完检索公式之后,选择好标准品种之后,即可开始检索。

(4)分类检索

供用户选择的有标准品种、国际标准分类、中国标准分类三个大类。点击各大类名称,归属于该大类的子类即可出现,而在子类名称的右侧有一个标志,这就意味着还有更细的子选项存在于该子类下。可根据实际检索要求在相应的子类前打勾(可多选),点击确定,即可得到相应标准文献信息。

3. 检索结果

标准号、标准名、发布日期和实施日期均可作为检索结果。如该标准的基本信息、适用范围、关联标准等标准题录信息的进一步显示可通过"标准名称"的点击得以进一步实现。若要查看全文,应在该网站注册成会员,在线购买。

(二)CNKI标准数据库

CNKI标准数据库分为《中国标准数据库》(SCSD)、《国外标准数据库》(SOSD)、《国家标准全文数据库》以及《中国行业标准全文数据库》。《中国标准数据库》(SCSD)收录了所有的中国国家标准(GB)、国家建设标准(GBJ)以及中国行业标准的题录摘要数据,共计标准约13万条。如国际标准(ISO)、国际电工标准(IEC)、欧洲标准(EN)、德国标准(DIN)、英国标准(BS)、法国标准(NF)、日本工业标准(JIS)、美国标准(ANSI)、美国部分学协会标准(如ASTM,IEEE,UL,ASME)等标准的题录摘要数据世界范围内的重要标准均收录在《国外标准数据库》(SOSD)中,共计标准约31万条。《国家标准全文数据库》收录了由中国标准出版社出版的、国家标准化管理委员会发布的所有国家标准,占国家标准总量的90%以上。《中国行业标准全文数据库》收录的行业标准涉及现行、废止、被代替以及即将实施,全部标准均获得权利人的合法授权。中国标准化研究院国家标准馆是标准的内容来源。CNKI各大数据库的信息来源是相关的文献、专利和成果。

想要进入标准检索页面的话,需要在CNKI首页导航栏选中"标准",点击高级检索即可。系统提供了三种检索方式:基本检索、高级检索及专业检索。其中,高级检索在每个检索词之后增加了"词频"选项,可以控制检索词出现的频次。另外高级检索还拥有"标准状态选择"选项,从而实现检索结果的进一步限定,可在"现行"、"作废"、"被代替"、"废止转行标"、"即将实施"等选项里面根据实际检索要求做出选择,当然多选或全选均可实现。

(三)万方数据资源中外标准数据库

万方数据知识服务平台(http://www.wanfangdata.com.cn/)——万方数据库资源系统可提供大量的中外标准题录资源,将由国家技术监督局、建设部情报所、建材研究院等单位提供的相关行业的各类标准题录有效地融合在一起。包括中国行业标准、中国国家标准、国际标准化组织标准、国际电工委员会标准、美国国家标准学会标准、美国材料试验协会标准、美国电气及电子工程师学会标准、英国标准化学会标准、德国标准化学会标准、法国标准化学会标准、日本工业标准调查会标准等,数据更新频率为每周一次。

点击首页导航栏上的"标准",即进入标准检索界面。系统提供三种检索方式:快速检索、高级检索和专业检索。其中,高级检索方式在每个检索框后增加了"精确"或"模糊"选项,可对检索词进行精确或模糊检索,并可以对标准发布的时间进行限定。专业检索方式是用户通过编写检索式来进行检索,具有一定检索基础的用户可考虑使用该检索方式。万方数据知识服务平台的高级检索和专业检索当中还提供"推荐检索词"功能,当用户对检索词还不够确定的时候,可提供一段文本(如科学技术要点),系统将自动给用户推荐检索词。

(四)其他国内常用的标准文献检索网站

①国家标准网 http://spsp.gov.cn/。
②中国标准化研究院 http://www.cnis.gov.cn/。
③国家标准化委员会网 http://www.sac.gov.cn/。
④标准网 http://www.standardcn.com/。
⑤标准分享网 http://www.bzfxw.com/。

进行标准文献检索除了可以利用丰富网络资源外,还包括《中华人民共和国国家标准目录》、《中国国家标准分类汇编》、《中国标准化年鉴》、《中国强制性国家标准汇编》、《中华人民共和国国家标准目录及信息总汇》等很多手工检索工具以供大家使用,一般可以通过分类号、标准号以及标准名称进行手工检索。

五、国际标准信息检索

国际标准信息检索的网站特别多,其中使用频率比较高的有 ISO 标准网和国际电工委员会网。

(一)ISO 标准网(http://www.iso.org/)

ISO 是 International Organization for Standardization(国际标准化组织)的简称,成立于 1947 年 2 月 23 日。除电工、电子领域和军工、石油、船舶制造之外的很多重要领域的标准化活动均是由 ISO 负责完成的。"在世界上促进标准化及其相关活动的发展,以便于商品和服务的国际交换,在智力、科学、技术和经济领域开展合作"是其服务宗旨。ISO 标准网主页提供多个标准信息专栏,报道标准知识、标准制定的动态消息、国际范围内的会议、活动等,同时能够提供 ISO 标准的检索。

快速检索可通过主页导航栏右上方的检索框来进行。而点击检索框旁边的标志,即可以进入标准检索页面。系统提供的检索字段有 ISO number(标准号)、TC(技术委员会)、ICS(国际标准分类法)、DATE(日期)、Stage code(标准发展状态代码)等。并可通过勾选 Published(现行)、Under development(即将实施)和 Withdrawn(废除)对输出的标准状态进行限定。如需对更多字段进行限定,可以点击 Advanced Search 进入高级检索。

(二)国际电工委员会网(http://www.iec.ch/)

国际电工委员会(IEC)成立于 1906 年,至今已有近 110 年的历史。它是世界上成立最早的国际性电工标准化机构,负责有关电气工程和电子工程领域中的国际标准化工作,其中众多的医疗技术相关标准也包含在内。IEC 主页上提供了多个信息导航栏,立足于多方面多角度对 IEC、IEC 的工作及成员等情况进行了详细介绍,同时对有关 IEC 的动态新闻、会议、活动等信息进行了报道。在主页导航栏上点击"Webstore",即可进入标准文献检索及购买页面,在页面右侧的检索框内输入检索词,即可进行检索。类似于 ISO 标准网,如需更精确的检索,点击

"Advanced Search",进入高级检索界面。IEC 的高级检索系统进行限制的字段可以是标准号、技术委员会、国际标准分类号及时间范围等。系统还提供标准号快速检索途径,在"Quick access by ref. number"下面的检索框内直接输入标准号,即可直接获得该标准文献的详细信息。

参考文献

[1]李红梅,王振亚. 医学信息检索与利用[M]. 北京:人民邮电出版社,2013.

[2]陈红勤等. 医学信息检索与利用[M]. 武汉:华中科技大学出版社,2014.

[3]李红梅. 医学信息检索与利用[M]. 北京:科学出版社,2014.

[4]王艳军. 网上医学会议信息的获取[J]. 现代情报,2008,(03).

[5]赵美娣. 会议文献的检索与获取[J]. 情报理论与实践,2011,(08).

[6]那伟栋. 国内网络灰色文献资源导航[J]. 农业图书情报学刊,2010,(12).

[7]曹宇容. 浅析科技文献资源状况与检索[J]. 科技情报开发与经济,2011,(33).

[8]冯会勤. 国内特种文献网络数据库导览[J]. 现代情报,2008,(02).

[9]白长财等. 医药学文献快速高效检索与利用[J]. 高校医学教学研究(电子版),2012,(01).

[10]王秀云. 中国国家知识产权局网站的专利检索[J]. 情报探索,2010,(03).

第四章　专类医学文献信息资源检索

常见的专类医学文献信息资源有药学文献信息、基础医学文献信息、临床医学文献信息、循证医学及检索证据以及医学图谱数据库，下面对以上文献信息的检索做以下介绍。

第一节　药学文献信息资源检索

一、药学文献信息资源概述

药学是一门融合了多个学科的科学，与人们生命健康密切相关，对人类生存繁衍、提高人口素质意义重大。药学科学与基础自然科学各学科有着密切联系，药学与现代信息技术的结合，使药学学科得到了长足发展，且因此产生了巨大的社会效益及经济效益。目前，Internet作为世界上最大的信息资源库，拥有的信息资源数量非常庞大，其中蕴藏着大量的药学信息。

药学信息包含药学领域所有知识数据，既包括药物信息，也包括与药物简介相关的信息，如疾病变化、耐药性等，此外，药品流通信息、药政信息等也包含在内，药学科研、生产、临床、教育、管理等诸多方面的有关信息均有所涉及。按信息资源表现形式进行划分的话，网络药学信息资源有数据库、网站、电子出版物、动态信息、电子论坛等。

网站是因特网在各领域应用的重要载体，Internet所具有的多数功能均得到了很好的体现。随着因特网影响的广度和深度的日益加深，互联网上药学网站的发展如雨后春笋，大大促进了药学信息的交流。根据创建者的不同，药学网站可分为以下五类。

1. 学术研究型

学术研究型药学网站是由药学院校、研究院所、图书馆等相关机构设立的专业网站，主要为学术、科学研究及教育服务，提供一些药学科学研究和药学发展方面的信息，有的还设有相关的数据库，此类网站不是特别多，但学术性比较强，在一定程度上指导和促进了药学学科的发展。

2. 公司企业型

公司企业型药学网站是由制药或医药经营企业设立的商业网站。为了迎合互联网用户的需要，几乎所有较大的制药和医药公司都设立了自己的网站。此类网站数量较多，除了世界著名制药公司的网站内容较为丰富外，其他网站的内容重点是本单位介绍、产品介绍及药品和物资供求信息等，可以看出，广告宣传和药品营销是其侧重点，实用性强，药学科学研究的信息非常有限。

3. 政府机构型

政府机构型药学网站是由政府部门设立的与药学相关的官方网站。随着我国政府对互联网的重视程度不断提高，政府有关部门在充分利用互联网功能的基础上建立了药学官方网站，为社会提供相关政策法规、通知公告、新药信息以及药品商情等信息。

4. 商业服务型

商业服务型药学网站是由网络服务公司与药学机构联合设

立的专业网站。此类网站将网络服务公司的网络技术与药学机构的丰富信息资源有效地整合在一起,提供大量新颖、实用的药学信息。此类网站信息更新速度快,商业性强,是目前国内网络药学信息资源的主要提供者。

5. 个人网站

个人网站是由药学人员建立的个人网站。此类网站的活跃度高,网站内容一般是经过编辑加工再现的医药信息,内容虽有重复,但更新快,注重表现个人风格。由于个人能力、财力、精力有限,局限了后续发展,有的与网络服务公司合作,转变为商业网站。

二、药学文献信息资源检索

Internet 是一个数量大、更新快的信息资源网。想要获取丰富信息资料的话,可通过对 Internet 上各种搜索引擎、数据库和网站等的检索来实现。现对化学与药学部分信息资源检索方法、重要网站及资源库的检索和应用做重点介绍。

1. 通用搜索引擎

通用搜索引擎是一类综合型的信息搜索引擎。雅虎、搜狐、百度、Google、Webcrawler、Infoseek、Lycos、Excite 等即为这类常用的搜索引擎。检索方法包括分类途径和关键词途径。

(1) 分类浏览

分类浏览是通过门户网站(如雅虎、网易、新浪等),按照网站的树枝状索引所提供的链接,按搜索者的兴趣,逐层寻找目标网站。以雅虎网站为例,进入雅虎中国(网址为 http://www.yahoo.com.cn),通过"健康与医药/药学/组织",一步步指向中国药学会网站 http://www.cpa.org.cn。再如搜狐(网址为 http://www.sohu.com),进入搜狐主页后,点击其分类目录下的

"健康",进入搜狐健康(网址为 http://health.sohu.com),单击"药品常识",即可对药品进行查询。

(2)关键词检索

在 Google 或百度中输入"药学网站",可检索到国内外医药学网站大全之类的文档或网站介绍。输入"医学搜索引擎"或"intitle:医学搜索引擎"就会找到医学专业的中外文搜索引擎。

2. 医药专业搜索引擎

(1)医学专业搜索引擎

由于这类搜索引擎对医学专业进行优化,因此信息的集中度比较高,有价值的专业信息的取得比较容易。

(2)化学与药学搜索引擎

这类引擎收录的多为医药学组织、杂志、政府机构等的网页信息,检索结果相关性好、可靠性高。以下几个即为常用的化学与药学搜索引擎。

①药学专业搜索引擎 PharmWeb,网址为 http://www.pharmweb.net。

PharmWeb 是世界著名的大型药学综合性网站,创建于1994年,内容涉及 Internet 上的各种药学信息资源,有人也称之为药学专业搜索引擎。PharmWeb 将所有信息按不同类别进行分类,在"Site Contents"中将各类链接都列出来。其主要内容包括会议、世界各地的药学院校、PharmWeb 论坛、PharmWeb 虚拟图书馆、病人信息、PharmWeb 世界药物警报、PharmWeb 网站黄页、团体组织、继续教育、PharmWeb 索引以及药学与 Internet。

②中国医药网医药搜索,网址为 http://www.pharmnet.com.cn/search/medicine。

③一丹医药搜索引擎,网址为 http://www.ydyyw.com/。

④中国化工搜索,网址为 http://www.chem.cn。

⑤化学工业搜索引擎,网址为 http://www.chemindustry.com。

⑥化学深层网统一检索引擎,网址为 http://www.chem-db-portal.cn/。

这方面类似的网站很多,在此不再一一列举。

3. 学术搜索引擎

这是科研常用的搜索引擎,以下只列举几个常用的搜索引擎。

Google 学术搜索,网址为 http://scholar.google.com.cn/。

Scirus 科学搜索引擎,网址为 http://www.Scirus.com/srsapp。

在线杂志搜索引擎,网址为 http://www.ojose.com。

NEC 研究院建立的学术论文数字图书馆 CiteSeer,网址为 http://www.citeseer.ist.psu.edu。

雅虎谷歌,网址为 http://www.gahooyoogle.com。

Search4science,网址为 http://www.Search4science.com。

科学搜索引擎与目录,网址为 http://www.Sciseek.com。

除此以外,由北京大学开发的天网(网址为 http://e.pku.edu.cn)使用起来也非常方便快捷;Google Book Search(网址为 http://books.google.com)除了可以搜索到平时搜索有难度的外文书籍之外,还提供对这些书籍的全文查询功能。因而在科研工作和日常生活中,人们对这两个引擎的关注度也非常高。

4. 学科信息门户

学科信息门户(Subject Based Information Gate Ways)是针对学科的网络信息的深层组织模式,其被建立的初衷是图书情报界为解决搜索引擎检准率低的局限性而开发的一种学科网络资源指南。学科信息门户网站对特定学科领域网络资源提供权威可靠的导航,为科研人员、工程技术人员、高等院校的师生提供大型专业数据库、经过筛选的网络上各种类型的高质量信息资源等全面的学科信息和多样化的一站式服务。它同时具有目录式检索工具和搜索引擎的特点,且其检索性能比以上两种都要好。正因为如此,新的学科信息门户在国外不断涌现。2001年年底正式启动的中国科学院国家数字图书馆已建立起数理、化学、环境、生命科学、图书情报系统等学科信息门户。中国的化学学科信息门户(网址为 http://chin.csdl.ac.cn)面向化学学科,从动态及相关信息、日常工具、机构信息、信息源知识、其他资源搜寻工具、专题、学科分类、链接CHIN站点八个方面为用户提供了权威和可靠的化学信息导航,并提供站内关键词检索。

5. 访问重点院校图书馆

在重点院校图书馆的主页上一般都提供一批有用的网址。如北京大学医学图书馆主页上就有相关超链接,指向国内外主要医学网站、图书馆、电子期刊、医药图协和医学搜索引擎,供进一步检索。

三、药学文献信息资源数据库

(一)药学相关的题录文摘型数据库

药学相关的题录文摘型数据库主要有中国生物医学文献数据库(CBM)、中文生物医学期刊文献数据库(CMCC)、中国中医药文献数据库、PubMed 数据库、NLM Gateway 系统、ISI Web of Science、BIOSIS Preview、ISI Chemistry、SciFinder 等,其中,网络版化学文摘 SciFinder 是用户关注度最高的。

(二)药学相关的全文型数据库

中国期刊全文数据库、万方数据资源系统的数字化期刊、

SDOS 全文数据库、SpringerLink 全文数据库、Blackwell Synergy 全文数据库、Swets Wise 全文数据库、EBSCO host 全文数据库、ProQuest Medical Library 全文数据库、cnpLINKer 在线数据库检索系统和联机计算机图书中心 OCLC、FirstSearch 等为药学相关的全文型数据库。另外,借助于一些免费期刊,读者也可以获得部分全文,最常用的免费期刊是美国 Science(科学)杂志(网址为 http://intl.sciencemag.org)、High Wire Press(网址为 http://intl.highwire.org/)和 Free Medical Journals(网址为 http://www.freemedicaljournals.com/htm/index.htm)。除此之外,国家科技图书文献中心(网址为 http://www.nstl.gov.cn/index.html)中 Current Issue 也将最新出版物一一列出,更新频率为每月一次,可供读者免费浏览全文、免费打印、发送给其他人及发表评论。

(三)专门的药学专业数据库

除了前面介绍的综合性和医学专业数据库以外,还涉及专门的药学专业数据库。

1. Rxlist 数据库

(1)Rxlist 简介

Rxlist(网址为 http://www.rxlist.com)是美国处方药物索引网上数据库,该数据库含有 5000 种以上药物,它的显著特点是将美国处方药市场每年度前 200 种高频使用药一一列出,占美国处方中处方药出现次数的 2/3。对其品种的分析,对国内医药工业科技人员的工作有一定的指导意义,同时,该网站对具体药物的介绍也非常细致,为医院药师快速了解新药市场提供了一条"快速通道"。可以通过 CNKI 知网,查该数据库中文献资料。

(2)检索方法

截止到目前,Rxlist 站点无须登录,对每一个品种的访问均是免费的;进入 Rxlist 主页后,可在快速检索框中将药物名称输入进去,实现相关药物信息的检索。如药物的商品名和常用名,其中大部分的常用名和商品名可以链接到该药物的详细资料,内容涉及描述(description)、临床药理(clinical pharmacology)、适应证(indication)、剂量和用法(dosage and administration)、包装(how supplied)、警告(warnings)、禁忌(contraindications)、注意事项(precautions)、副作用(adverse reactions)、药物相互作用(drug interactions)、过量(overdosage)、病人信息(patient information)等方面。在每一部分的介绍文字中嵌有大量的链接点,方便用户对文中涉及的名词术语的理解。

此外,Rxlist 还提供 Advanced Search(高级检索)功能,可以输入药品的商品名、常用名、疾病症状、副作用、在版代码、药物代码(NDC)等,甚至药名片断(词尾模糊部分可用 * 代替,但 * 不可用于词头)进行检索,且同时能够支持布尔逻辑算符 AND、OR、NOT。例如:ampi; headache and bleed; capsule or inject。

(3)其他内容

①TOP200。这点充分体现了该网站的特色。TOP200 基于美国 30 亿张处方统计得出,有一定代表性。

②Rxlist Alternatives。通过检索或浏览目录将相关问题查找出来,目录的内容包括 WESTERN HERBS、CHINESE HERBALREMEDIES、HOMEOPATHICS。

2. TOXNET(Toxicology Data Network)

TOXNET(网址为 http://www.toxnet.nlm.nih.gov)数据库由美国国立医学图书馆(NLM)开发建立,是一个化合物毒性相关数据库系列,目前如毒理学、有害化学物质及其相关领域的九个数据库均包含在内。

第四章 专类医学文献信息资源检索

(1) TOXNET 主页

TOXNET 主页(见图 4-1[①])有以下三个组成部分:左栏为各数据库列表,中间栏为检索所有数据库区域,右栏为其他 NLM 资源及帮助信息。

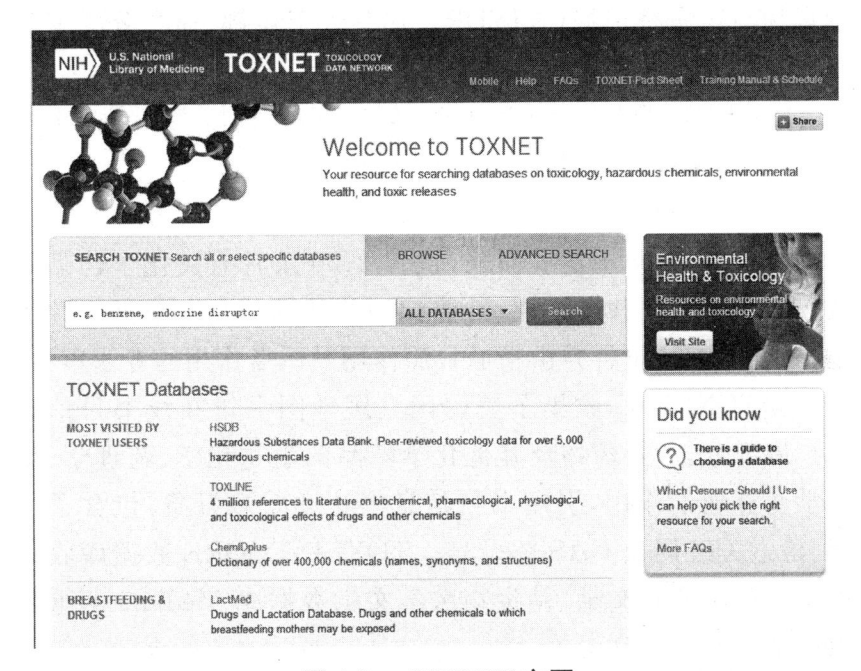

图 4-1 TOXNET 主页

(2) TOXNET 各数据库简介

①HSDB(Hazardous Substances Data Bank),具有潜在危险化学药品的毒理学研究、工业卫生、急救处理程序、环境发展及相关领域是其内容重点。核心权威图书、政府公文、技术报告及主要期刊为所有数据的来源。

②IRIS(Integrated Risk Information System),包含人类健康危险评价数据,由美国环境保护局(EPA)编辑,其侧重点是危险物质鉴定和剂量依赖性评价,EPA 致癌剂分类、个体危险、

---

① 陈红勤等.医学信息检索与利用[M].武汉:华中科技大学出版社,2014:174

口服参考剂量和吸入参考浓度,并经 EPA 科学家审评一致通过。

③ITER(International Toxicity Estimates for Risk),提供化学风险评价数据,这些信息是由美国环境保护局(EPA)、美国毒物与疾病登记局(ATSDR)、加拿大卫生部、荷兰公共卫生与环境研究所等世界权威机构所提供的。

④GENE-TOX,由美国 EPA 创建,内容囊括了由专家审核的 3000 余种药品的基因毒理学文献数据。

⑤CCRIS(Chemical Carcinogenesis Research Information System),基于 NCI 发展而来,包含 8000 余种有关化学药品的致癌性、诱变性、肿瘤生成、肿瘤抑制等数据信息。数据来源于主要期刊、NCI 报告并由精通致癌作用及诱变作用的专家审核。

⑥TOXLINE,收集了美国国立医学图书馆在线书目信息的扩展部分,涉及药物及其他化学药品的生物化学、药理学、生理学及毒理学作用,引用书目信息多达 300 多万条,包含了文摘、检索关键词及 CAS 登录号。TOXLINECORE 数据库收录许多毒理学期刊文献,是生物医学文献数据库 Medline 的重要组成部分。

⑦DART/ETIC(Developmental and Reproductive Toxicology/Environmental Teratology Information Center),是有关毒理学的书目数据库。它涉及畸胎学及毒理学,从 1965 年至今的 10 万余条参考文献均包含在内。其发展得到了美国环境保护组织国家环境健康科学组织毒理学研究中心及 NLM 的支持。

⑧TRI(EPA's Toxic Chemical Release Inventory,1995—2000),内容包括每年排放到环境中的有毒化学药品量。此数据由 EPA 收集提供。数据包括空气、水和土地,且废弃物的转移处理方法及资源减少及再利用也包含在内。

⑨ChemlDplus,包含 368000 余条化学物质记录,其中有化学结构式的多达 206000 余种,并提供许多相关数据库的链接。

(3) TOXNET 检索方法

TOXNET 数据库可以对单个、若干个或所有数据库进行检索。检索所有数据库时,显示每一个 TOXNET 数据库中命中记录数并可单击浏览每一条检索结果。而且此数据库的交互性也非常理想,是链接到其他具多用途检索特征专业数据库和 NLM 资源的起点。不论何种检索方式,用户均可在检索框中输入化学物质名称、数字、CAS 登记号、词(组)等检索词。除基本检索外,截词检索也是系统能够支持的,利用双引号("")实施短语的精确检索及支持逻辑组配检索功能。

现以 TOXLINE 为例,对其检索方法进行说明:在 TOXNET 主页左侧的数据库列表中,点击"TOXLINE"进入 TOXIANE 检索界面,在检索框中输入检索词,类似于 PubMed,在输入检索词时可在检索词后加上字段标志实现字段限制的检索,如 Lung neoplasms[mesh]等,检索并点击查看需要的文献篇名,如 Genetic Alterations in Lung Cancer,进入查看到 Genetic Alterations in Lung Cancer 的文摘。此外,在 TOXLINE 检索界面中点击"Limits",可对标题、作者、出版时间、语种等进行字段限制检索,此外,将检索范围限制在最近几个月新增的记录中也是可以实现的。

四、药学专业网站

下面对具有一定影响且相对稳定的国内外医药网站做简单介绍。

(1) 美国食品药品管理局网站

其网址为 http://www.fda.gov。美国食品药品管理局(Food and Drug Administration,简称 FDA),是由美国国会授权,致力于食品与药品管理的最高执法机关。FDA 是一个由医生、律师、微生物学家、药理学家、化学家和统计学家等专业人员组成的目标在于保护、促进和提高美国国民健康的监控机构。

该网站由食品、药物、化妆、医疗设备、药物批准列表等板块共同组成。

(2)国家食品药品监督管理总局网站

其网址为 http://www.sda.gov.cn/WS01/CL0001。国家食品药品监督管理总局是对食品、保健品、化妆品安全管理进行监督和对药品进行监管的直属机构,负责对药品的研究、生产、流通和使用的行政监督和技术监督;负责食品、保健品、化妆品安全管理的综合监督、组织协调和依法组织开展对重大事故查处;负责保健品的审批。该网站在提供信息查询的同时也具有网上办公功能,设有最新动态、机构介绍、工作动态、法规文件、公告通告、数据查询、办事指南以及在线服务等栏目,是查找国内药品法律法规信息的首选网站。

(3)国家中医药管理局网站

其网址为 http://www.satcm.gov.cn。国家中医药管理局工作重点集中在包括中医医疗机构管理的有关法律、法规、政策的拟定,并组织实施;拟订中西医结合、民族医疗机构评审的有关政策、办法、标准;组织、协调和指导地方中医立法工作;拟订中医、中药基础研究发展规划和计划,对需要重点发展领域进行确定;组织实施并管理国家级、局级中医、中药基础研究项目的协作攻关;负责中医、中药重大科技成果的鉴定与推广等。国家中医药管理局网站主页设有综合管理、医药卫生体制改革、医政管理、科研管理、教育管理以及中药管理等 10 余个栏目。

(4)美国医学会网站

美国医学会(AMA)的学会杂志 JAMA 在国际上有着不容小觑的影响力,网站(网址为 http://www.ama-assn.org)内容丰富。主页设有 Physicians Medical Students、Patients 两个导航,每个导航下设有医生、患者和医生查寻三个频道,AMA 介绍、临床实践工具、学会出版物、医学教育、医学会议、医学新闻、公共卫生等是其主要内容,其中最有实用性的内容就是学会出版物(有 12 种杂志),通过 Physicians 频道下拉菜单中的 Journals 即可得到这些医学杂志的题录、文摘甚至全文信息。

(5)中华医学会网站

中华医学会成立于1915年,是一个全国医学科学技术工作者组成的学术性团体,现有78个专科分会及321个专业学组,约45万会员和70种医学学术类期刊。其网站(网址为 http://www.cma.org.cn)主页设有学会介绍、学会动态、医学新闻、会员社区、医学园地、继续教育、学术活动、对外交流、科技评审、医疗事故鉴定、系列杂志以及信息导报等栏目。

(6)中国中医药信息网

中国中医药信息网(网址为 http://www.cintcm.com/opencms/opencms)由国家中医药管理局中国中医药文献检索中心建立,有关中医药方面的信息资源的提供是其工作重点。最新动态、数据库检索、中医药刊物、中医药成果、基因组学、网络与远程医学以及循证医学等栏目均在主页上有所体现,其数据库检索栏目提供中医药文献检索系统、生物医学文献数据库、美国替代医学数据库、Medline 数据库、美国专利数据库、美国化学文摘数据库以及荷兰生物医学数据库的检索服务。

第二节 基础医学文献信息检索

一、基础医学文献信息概述

基础医学属于基础学科的范畴,是对人的生命和疾病现象的本质及其规律进行研究的自然科学。其所研究的关于人体的健康与疾病的本质及其规律为其他所有应用医学所遵循,是作为临床医学的理论基础。基础医学文献信息随着医学科学的不断发展与日俱增,基础医学研究出现了高度分化与高度综合共存的局面。学科分支逐渐增多,且各分支之间的交叉渗透程度越来越高,造成边缘学科和新兴学科不断涌现。基础医学文献信息已成为医学工作者学习、科研、创新等有力工具和重要法宝。基础医学文献信息是医学的重要组成部分,活力之源。

网络基础医学信息资源的分类和分布与其他医学信息资源一样,在包括数据库的同时,网站、论坛等也包含在内。

二、基础医学信息资源检索

(一)通过搜索引擎查找

利用目录型搜索引擎如 Yahoo 和搜狐的目录,或者在搜索引擎(包括目录型搜索引擎和全文型搜索引擎如 Google、百度、搜狗等)的输入框中输入"基础医学网""intitle 基础医学网""basic medicine""intitle:basic medicine"等检索词,即可查询到基础医学网站和各高校的基础医学院及科研研究所。也可直接输入如"解剖学网"等具体的基础医学学科名词。

(二)常用基础医学信息资源网站

1. 综合性的基础医学资源网站

①基础医学科学数据共享网作为国家科技基础条件平台建设下医药卫生共享项目的子项目,实现我国网络环境下的基础医学资源整合是其创建宗旨。基础医学科学数据共享网(网址为 http://www.bmicc.cn 或 http://www.bmicc.cn/web/share/home,以下简称"共享网")自 2004 年正式投入建设,目前共享网整合了来自清华大学、北京大学、中科院生物物理所、中国医学科学院、军事医学科学院等 10 多家单位的 25 个数据库资源。根据数据内容的不同,共享网将整合的 25 个数据库分为以下 4 类:人群调查及人体数据资源;分子机制类数据资源;模式生物类数据资源;实验材料数据资源。

②基础医学教学资源网,网址为 http://www.basiemed.com/Bindex.aspx。

③基础医学网址大全——金叶天盛医学导航,网址为 http://www.meddir.cn/care/135.htm。

④基础医学——医学论坛网,网址为 http://www.cmt.com.cn/slist/124.html。

⑤医学全在线下载,网址为 http://qikan.med126.com。

⑥中国健康网,网址为 http://www.69jk.cn。

⑦基础医学——首席医学网,网址为 http://www.9med.net/literature/list.php?catid=251。

2. 国外基础医学各学科网站

(1)The American Association Anatomists(美国解剖学家协会,AAA)网站

美国解剖学家协会是美国最大的解剖协会,1888年始建于美国华盛顿,初始目的在于促进解剖科学的发展。其成员来自世界各国的相关专业,包括医学基础教育、医学图像工作、细胞生物学、遗传学、分子发育学、内分泌学、组织学、神经科学、法医学、显微镜、自然人类学等。今天它已成为那些致力于解剖学形态、功能的研究及教育人员的家园。其网站(网址为 http://www.anatomy.org)主页中的中心位置为"Anatomy links"内容,列出重要消息,例如:与解剖学相关的最新学术进展,各有关协会即将召开的会议摘要,相关机构最新动态,最新推荐的免费论文全文,最新研究课题及资助项目信息等。

主页左侧菜单栏中有:About AAA(关于美国解剖学会)、Awards/Grants(奖励和基金)、Meeting(会议)、Membership(会员)、Publications(出版物)、Public Policy(公共政策)、Resources(资源)、Education & Teaching Tools(教育与教学工具)等。其中 Resources 比较有情报检索价值,包括了工资和培训调查、求职中心、资源链接和 Web 档案等内容。

(2) American Physiological Society（美国生理学会，APS）网站

美国生理学会创建于 1887 年，是一个致力于提升生理学领域教育、科研和推广的非营利性组织，现拥有超过 10500 名会员。绝大多数会员都拥有生理学、医学或其他卫生领域的博士学位。学会出版 14 种专业期刊和学会通讯，以及生理学系列丛书和手册，涵盖生理学领域所有研究主题。其网站网址为 http://www.the-aps.org 或 http://www.physiology.org。

(3) College of American Pathologists（美国病理医师学会，CAP）网站

美国病理医师学会的主页为（网址为 http://www.cap.org/apps/cap.portal）。CAP 是世界上最大的由病理医师组成的联合会，包括世界各国 1500 多个会员及实验室团体。学会致力于临床实验室步骤的标准化和改进，所产生的影响超过了其他任何一个组织，因此被公认为是实验室质量保证的领导者。

第三节　临床医学文献信息检索

一、临床医学文献信息概述

临床医学是研究疾病的病因、诊断、治疗和预后，提高临床治疗水平，促进人体健康的科学。

临床医学文献信息也随着医学活动而产生、积累、传递、利用和发展。临床医学文献信息是重要的载体，是医学科学中研究临床疾病各专业学科的依据。临床医学文献信息为医学工作者求知、实践、科研、开拓新的科学领域提供了强有力的保障。

二、临床医学信息资源检索

(一)通过搜索引擎查找

利用目录型搜索引擎如 Yahoo 和搜狐的目录,或者在搜索引擎输入检索词,便可查到临床医学网站和各高校的临床医学院及科研研究所、学会等。也可直接输入具体的临床医学学科名词。

(二)常用的临床医学信息资源网站

1. 国外临床医学信息资源网站

(1) Internal MDLinx(内科医学网)

MDLinx(网址为 http://www.mdlinx.com)由近 40 个专业网站组合而成,Internal MDLinx(网址为 http://www.mdlinx.com/internal-medicine)只是其中的一个关于内科学的网站。该网站由内科临床医师自发组织创建,主要为内科医师提供一次到位的全面的服务,提供最集中的专业信息资源。该网站的主要功能是为内科医生提供关于各种内科疾病的诊断、治疗等临床信息。其主要读者对象为临床医师、护士。网页定期更新,用户可在网页左侧的目录中选择所需内容来查看最新的消息、文摘或全文(部分全文是免费的),同时还可输入关键词进行检索。

(2) American College of Physicians-American Society of Internal Medicine(美国医师学会—美国内科学会,ACP-ASIM)

美国医师学会—美国内科学会成立于 1915 年,是美国最大的医学专业协会。它的宗旨是通过在医师中间培养高超的行业水平和职业的医学道德来促进国民的健康水平。其网站(网址为 http://www.acponline.org)的主要读者对象为内科医生和内科各专业的医务人员,包括心血管学、胃肠病学、肾病学、肺病学、内分泌学、血液学、风湿病学、神经学、肿瘤学、传染病学、变态反应和免疫病、老年病学等学科。该网站提供的服务很多,内容涉及临床、科研和教育各方面,主要栏目有 Clinical Information(期刊)、实践、Education & Recertification(教育与认证)、Residents & Fellows(住院医师)、Medical Students(医学生)、Patients & Families(患者与家庭)。

(3)The Merck Manual of Diagnosis and Therapy(默克诊疗手册)

默克诊疗手册(网址为 http://www.merck.com/mmpe/index.html)作为美国默沙东公司(在美国称为默克公司)对医疗界提供的非营利性服务。纸质版《默克诊疗手册》自1899年出版第一版以来至今已再版了17版。并翻译成16种语言,发行量超过了一千万本,它也是英语中连续出版的最古老的医学参考书。《默克诊疗手册》为临床医生、护士、牙科医生、医生助理及医学生和其他健康从业者提供了有用的、经过仔细核查的信息。这本书详述了内科、儿科、老年病、眼科、耳鼻喉科、妇科、精神病科及其他特殊科目的疾病信息。由于内科学疾病在该书中所占篇幅非常大,且内容非常权威,因此我们把它放在此部分介绍。读者可免费阅读全文。此外,还可输入关键词对该书进行检索。中文版可登录 http://www.msdchina.com.cn/manual/index.html 查阅。

(4)American Heart Association(美国心脏协会,AHA)

美国心脏协会是美国全国性的非政府卫生机构,是国际学术影响较大、历史悠久的心血管学术团体,致力于降低心血管疾病的致残率和死亡率。该协会网站(网址为 http://www.americanheart.org)提供了丰富的科研、医疗、教学资源和信息。网页主要栏目有:Heart Attack/Stroke Warning Signs(心脏病发作/中风先兆体征)、American Stroke Association(ASA)、Diseases & Conditions(具体疾病)、Heart Disease & Health、

CPR & ECC(Cardiopulmonary Resusci'tation & Emergency Cardiovascular Care)、Healthy Lifestyle(健康生活方式)、Advocacy：You're the Cure、Heart and Stroke Encyclopedia(心脏和中风百科全书)、Science & Professional(专业知识)。

(5) American College of Cardiology(美国心脏病学会,ACC)

美国心脏病学会网站(网址为 http://www.acc.org)的主要功能是为心血管专业人员提供高质量的继续教育机会,并为心血管疾病的治疗提供权威的临床实践指南、治疗标准和最新信息,以促进心血管疾病的基础和临床研究。ACC 最初作为教育机构于 1949 年成立,1977 年会址定于马里兰州贝塞斯达(Bethesda),现拥有会员超过 26000 名,通过对医务人员的专业教育、促进研究、制定指导方针和健康政策,提高心血管病的治疗和预防水平。该网站提供的主要服务包括临床实践、继续教育和信息服务三个方面。

(6) National Heart,Lung and Blood Institute(美国国立卫生研究院心肺血液研究所,NHLBI)

美国国立卫生研究院心肺血液研究所是美国国立卫生研究院的下属机构之一,是世界最大的心肺血液研究机构,其网站(网址为 http://www.nhlbi.nih.gov)为患者和专业医学人员提供关于心脏、血管、肺脏、血液的研究和睡眠障碍的内容。另外还有链接到关于 NHLBI 基础研究、临床试验和教育计划等内容。NHLBI 提供的信息资源包括会议消息、临床诊疗指南、临床试验病例、最新信息、NHLBI 下属各实验室的科研情况等。

主要栏目有 Patients and public、Health professionals、Clinical trials、Information for researchers 等。此外该网站还提供下载或阅读很多图书的 PDF 格式文件和纯文本文档。

2. 国内临床医学部分网站

以下列举了国内临床医学专业的部分综合性网站。

临床医学网址大全——金叶天盛医学导航,网址为 http://

www.meddir.cn/cate/952.htm。

临床医学——医学论坛网,网址为 http://www.cmt.com.cn。

医学全在线下载,网址为 http://qikan.med126.com。

中国健康网,网址为 http://www.69jk.cn。

临床医学——首席医学网,网址为 http://www.9med.net/literature/list.php?catid=305。

临床智库——中国最大的医学资源免费共享平台,网址为 http://www.cicaline.com。基于共享互助和智点激励机制,旨在帮助临床工作者获取所需信息知识,一站式满足在线查阅文献、寻求专业帮助和交流学习需要的医学网站。

第四节 循证医学及证据检索

一、概述

与以经验医学为主的传统医学不同,循证医学(Evidence-Based Medicine,EBM)强调任何医疗决策应该建立在最佳科学研究证据的基础上。自 20 世纪 90 年代以来,循证医学席卷了整个医学界,介绍和研究循证医学的文献数量激增,有关循证医学的网站与搜索引擎等都有了很大发展,许多学科领域也被冠以"循证"二字。

1. 定义

循证医学为遵循证据的医学,即在针对个体患者的医疗决策中认真、审慎、明智地运用当前最好的证据。实践循证医学除了需要最佳研究证据外,还需要结合医生的临床经验与个人专业技能以及患者的价值取向与具体情况。由此可见,循证医学包括以下三个要素:当前可获得的最好证据、医生的临床经验与技能、患者的权利与需求。

2. 发展背景

20世纪中叶以来，人类疾病谱发生改变，肿瘤、心脑血管疾病、糖尿病等多因素疾病严重危害着人类健康；制药业迅速发展，进入市场的药品质量良莠不齐，为临床选择药物带来不便；医疗费用的迅速增长，导致各国保险基金的支付压力越来越大；临床流行病学、医学统计学等学科的发展以及有说服力的临床证据的出现等都为循证医学的产生奠定了基础。而计算机网络技术的发展以及国际Cochrane协作网和世界各国Cochrane中心网的建立则极大地推动了循证医学的发展。

Cochrane协作网于1993年在英国正式成立，是一个国际非营利性民间团体，旨在通过制作、保存、传播和不断更新医疗卫生领域防治措施的系统评价提高医疗保健干预措施的效率，帮助人们制定遵循证据的医疗决策。中国循证医学中心位于四川大学华西医院，1997年7月经卫生部批准，1999年3月经国际Cochrane协作网指导委员会正式批准注册成为第14个中心。Cochrane协作网内设有系统评价协助组和方法学组等，系统评价协助组对若干人类健康影响大、研究基础相对较好的大病种还成立了系统评价小组，它们生产和制作Cochrane系统评价，并以电子连续出版物的形式发表在Cochrane Library。循证医学的研究成果，已成为国家卫生决策的参考依据，影响着医疗卫生事业的发展。

二、循证医学实践

实践循证医学可分为5步，即提出问题、检索证据、评价证据、应用证据和后效评价决策效果。实践循证医学有提供最佳证据与应用最佳证据两种方式，提供最佳证据就是根据临床实践中的问题检索、分析、评价和综合证据，应用最佳证据则是将最佳证据运用到实际工作中去。

三、循证医学证据

1. 证据类型

循证医学证据可以是基础医学研究,也可以是来自患者的临床研究。就出版物或论文类型来说,这些证据的形式有随机对照试验、队列研究、病例报告、系统评价、临床实践指南等。根据证据的加工程度,还可分为原始研究证据和二次研究证据。原始研究证据包括随机照试验、病例报告、不良反应、病例对照研究等,二次研究证据包括系统评价、临床实践指南等。

2. 证据分级

证据及其质量是循证医学的关键所在,许多机构和组织对证据的质量与推荐强度规定了标准,但尚不统一。GRADE标准被WHO和Cochrane协作网等所接受,该标准于2004年正式推出,将证据分为高、中、低、极低四级,推荐强度分为强、弱两级。另外比较有影响的是2006年Haynes等提出的"5S"模型,如图4-2[①]所示,该模型将研究证据分成studies(研究)、syntheses(系统评价)、synopses(提要)、summaries(总结)、systems(系统)五个层次,其级别由下至上逐级升高。

四、询证医学数据库

证据检索的资源主要有循证医学数据库、临床试验数据库、综合性生物医学数据库、临床实践指南数据库、循证医学期刊及其他相关资源。针对不同类型的证据可以选择一个或多个相关

---

① 陈燕. 医学信息检索与利用[M]. 北京:科学出版社,2012:212

数据库。

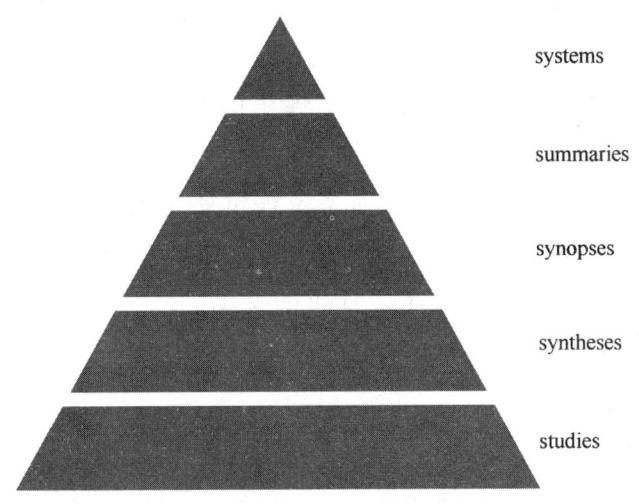

图 4-2 "5S"模型

下面重点讨论 Cochrane Library(CL, http://www.thecochranelibrary.com)。

CL 是获取循证医学证据的主要来源,包含各种类型的证据,如系统评价、对照试验、卫生技术评估等。CL 由 Cochrane 协作网制作,由 John Wiley & Sons 公司负责以光盘和网络两种形式出版发行。CL 旨在为临床实践和医疗决策提供可靠的科学依据和最新证据。

CL 由多个数据库组成,主要包括以下 6 个数据库。

(1)The Cochrane Database of Systematic Reviews(CDSR;Cochrane Reviews)

Cochrane 系统评价数据库,收录由 Cochrane 协作网系统评价专业组在统一工作手册指导下完成的系统评价,并随着新的临床试验的产生进行补充和更新。有系统评价(Systematic Review)和研究方案(Protocol)两种形式。用户可以免费浏览系统评价的摘要,只有注册并付费的用户才能获取全文。

(2) Database of Abstracts of Reviews of Effects(DARE; Other Reviews)

疗效评价文摘库,收录非 Cochrane 协作网成员发表的系统评价的摘要,是对 Cochrane 系统评价的补充,由英国约克大学的国家卫生服务部评价和传播中心提供。DARE 的特点是其系统评价的摘要包括了作者对系统评价质量的评估。与 CDSR 不同的是它只收集了评论性摘要、题目及出处,而没有全文,并且不一定符合 Cochrane 系统评价的要求。

(3) Cochrane Central Register of Controlled Trials(CENTRAL; Trials)

Cochrane 对照实验注册资料库,收录协作网各系统评价小组和其他组织的专业临床试验资料以及来自 Medline 和 EMBase 书目数据库中的对照试验文章。仅提供标题、来源和摘要,不提供全文。

(4) Cochrane Methodology Register(CMR; Methods Studies)

Cochrane 方法学注册库,主要收录有关对照试验方法和系统评价方法学的相关文献的书目信息。信息来源包括期刊文献、图书和会议录等;这些文献来源于 MEDLINE 数据库和人工查找所得。

(5) Health Technology Assessment Database(HTA; Technology Assessments)

卫生技术评估数据库,由英国约克大学 Centre for Reviews and Dissemination(CRD)编制,收集来自国际卫生技术评估协会网(INHTA)和其他卫生技术评估机构提供的完成和正在进行的卫生技术评估。

(6) NHS Economic Evaluation Database(Economic Evaluations)

NHS 经济评估数据库,有关成本效益、成本效能的分析,有关成本效益的信息较难被证明、鉴定和解说,Economic Evaluations 可协助决策者从全世界搜集系统的经济性评估,并鉴定其质量及优缺点。

在网络版 Cochrane Library 主页上,有浏览(Browse)和检索(Search)两种途径供用户查找信息。

CL 针对不同的资源提供不同的浏览方式,如 Cochrane Reviews 提供按照主题(Topic)、新评价(New Reviews)、更新评价(Update Reviews)、字母顺序(A-Z)、评价工作组(By Review Group)等浏览方法。其他资源一般提供按字顺浏览。CL 提供 Search、Search Manager 和 Medical Terms 三种检索方式。

①Search 检索时可以在检索栏中输入检索词/式,并可通过检索栏前方的下拉菜单将检索词限定在不同字段中,点击前方加号增加检索栏。点击 Go,系统默认在所有数据库中进行检索。

②Search Manager 每个检索栏会自动标注序号。点击检索栏后面的图标(View limits for this search),将弹出 Search Limits 窗口,列出 CL 包含的所有数据库供用户选择。另外,还有记录状态、检索年限的限定。

③Medical Terms(MESH) MeSH 是 Medline 数据库的主题词表,它的特色之一是以树型结构揭示主题词之间的族性关系。通过 Medical Terms(MESH)检索可以提高查全率和查准率。

第五节　医学图谱数据库检索

一、图谱信息资源概述

图谱(Atlas)是以图像与文字来表现实体的参考工具书。其主要特点是直观、形象、简明清晰。医学图谱是用图像配以文字来表现医学实体、表达操作规程或反映疾病的地理分布情况的工具书。

医学图谱品种繁多,主要有医药图谱(包括解剖图谱、病理组织学图谱、细胞图谱、诊断图谱、寄生虫图谱、手术图谱、药物图谱)、医学地图集、医学大事年表、医学专用表等,用于查找医学图片、实物照片、医林人物肖像等资料。网络图谱与印刷本图谱相比具有容量大、可检索、可交换操作等优点,图像更加形象直观。在线医学图谱(Medical Atlas Online)是因特网上描述医学实体的图像数据库。有些图谱采用了多媒体技术,使得图像能够动态显示,对于解剖学、病理学、放射学等的教学和研究帮助极大。网上医学图谱资源主要有实体相片、计算机模拟图片、显微镜下图片、各种放射学图谱等,按内容可分为解剖学、生理学、病理组织学、寄生虫学、内科疾病、外科手术、内镜、眼科学、放射学、综合类等,涉及医学基础和临床各学科。近年来,随着数字化技术的应用普及,在线医学图谱的数量剧增,品种繁多,已成为医学生和医务人员重要的学习参考资源。

二、图谱信息的检索途径

网上的免费医学图谱非常丰富,用途也极为广泛,如果加以筛选和整理,更利于医务工作者和科研人员的学习参考。下面简要介绍一些医学图谱的网络获取途径与方法。

(一)搜索引擎法

因特网上蕴含着丰富的医学图谱资源,其提供者既包括众多的医学图谱专业网站,也包括其他医学网站。这些资源一般可通过普通搜索引擎(如 Google、Yahoo、MetaCrawler、百度、搜狗等)或医学专业搜索引擎(如 MedExplorer、MedFinder、Medscape、MedWebPlus、Medical World Search、Medical Matrix、Medsite、HON 等)来查找。在搜索引擎的搜索栏里输入"医学图谱""图谱"或者"medical atlas",将会搜到许多有关图谱,但要进行逐一筛选,比较费时费力。

(二)专业的医学图谱网站

下面介绍一些常用的专业医学图谱网站。

(1)The Visible Human Project(可视人计划)

可视人计划(网址为 http://www.nlm.nih.gov/research/visible)由美国国立医学图书馆(NLM)在1986年首先提出,旨在建立一个医学图像图书馆,供生物学工作者使用。经过3年的论证,1989年正式确定建立一个完整的男性和女性的测量体积数据的数字图像数据集,即可视人计划。它是人类第一个网上数字化图像文库,提供了人体横断面、冠状面和矢状面数字化解剖图谱、MRI图像和CT图像。用户使用可视人图谱库要与美国国家医学图书馆签署协议,说明使用此图谱的目的,方可免费从因特网上下载并使用,目前已有43个国家的1400多个用户签订了该图谱库的使用协议。在NLM网站的相关页面中(网址为 http://www.nlm.nih.gov/researeh/visible/getting-data.html)介绍了获得使用可视人数据集的授权许可的方法。

(2)Whole Brain Atlas(全脑图谱)

全脑图谱(网址为 http://www.med.harvard.edu/AAN-LIB/home.html)是1995年由哈佛大学医学院的 Keith A. Johnson 和麻省理工学院的 J. Alex Becker 创建的中枢神经系统影像资源库,把脑的正常和病理结构图像(MRI、CT、核医学影像、血管解剖)与临床信息整合在一起,比较全面地介绍了正常脑图和一些常见疾病的脑图,其最大优点是可以随意动态截取断层观看各层特征,还辅有临床实例介绍,用户主要通过分类浏览的方式来逐级查看图谱。"全脑图谱"的主体内容分五个部分:Normal Brain(正常脑),Cerebrovascular Disease(stroke or "brain attack")(脑血管疾病), Neoplastic Disease (brain tumor)(脑肿瘤), Degenerative Disease(退行性病变), Inflammatory or Infectious Disease(炎症或感染性疾病)。例如,从

Normal Brain 部分的 Top 100 Brain Structures 链接,得到100个(实际为106个)正常人脑不同部位结构名称一览。点击其中的脑部位结构名称,可得到有文字标注的特定部位系统的脑横断面图像。在脑疾病影像中,除可用不同成像技术观察不同的脑部位,还可观察到发病后不同时间(包括用药前后或手术前后)采集到的不同脑病理影像,因为有些影像数据集是按一定时间间隔采集而来的。

(3)Dermatology Information System(在线皮肤病学图谱)

在线皮肤病学图谱(网址为 http://www.dermis.net/dermisroot/en/home/index.htm)由德国皮肤病学家 Thomas L. Diepgen 和计算机科学家 Andreas Bittorf 于1994年研制开发,是一个含有图谱、疾病定义、疾病名称同义词、UMLS 术语、征询调查、相关网站链接等信息的皮肤病学教学数据库。该数据库含有4.5万多幅高质量图像,涉及600多种皮肤病的诊断和鉴别诊断,每天访问量达几千人次。其主页上有三个检索入口,即关键词检索、按字顺进入和按人体部位进入。按人体部位进入图谱,无文字注释,供复习测试用,通过关键词检索可快速得到所需的图谱。

(4)中国数字化可视人体

其网址为 http://www.chinesevisiblehuman.corn。首例中国数字化可视人体(CVH)由重庆第三军医大学于2002年1月完成,目前我国已经完成了第六例中国数字化可视人体数据集的采集和分析,已在因特网上发布供用户利用和参考。CVH 数据库分为六个数据集(3名男性、3名女性)。每个数据集下包括 CT 图片、MRI 图片、3D 模型库、超声等图片,这些数据集可以单独或联合检索。

(5)CNKI 中国知网在线医学图谱

CNKI 中国知网在线医学图谱(网址为 http://medmap.cnki.net)是全球最大的医学图谱在线服务网站,收录了200余部医学图谱,约15万张图片,提供有关解剖、生理、病理、药理、生化、中药等方面的医学图片和照片,并附文字说明,所收录的医学图谱均为权威专家所编写。其检索途径有关键词检索、高级检索和书目索引等。

(6)大众医药网医学图谱

大众医药网医学图谱(网址为 http://www.51qe.cn/index3002.php)是国内较有名的医学网站之一,该网站提供大量医学图谱相关资料,包括中草药图谱、手术图谱、系统解剖图谱和皮肤病与性病图谱,涉及系统解剖学、局部解剖学、病理学、微生物学、普通外科学、骨科学、神经外科学、妇产科学、耳鼻喉科学、眼科学、儿科学、中医学、皮肤性病学、肿瘤学等,并有相当丰富的药学知识,功能比较齐全,值得借鉴。网站上多数图谱为手工绘制。

参考文献

[1]陈红勤等. 医学信息检索与利用[M]. 武汉:华中科技大学出版社,2014.

[2]陈燕. 医学信息检索与利用[M]. 北京:科学出版社,2012.

[3]李红梅,王振亚. 医学信息检索与利用[M]. 北京:人民邮电出版社,2013.

[4]李晓玲,符礼平. 医学信息检索与利用[M].5 版. 上海:复旦大学出版社,2014.

[5]陈红勤,梁平.web 信息海洋淘金——网络信息资源的有效获取[J]. 咸宁学院学报,2008,(01).

[6]司超增. 基础医学网络信息资源整合及应用[J]. 医学与哲学(临床决策论坛版),2009,(05).

[7]柯发敏,王译伟. 药学专业学生获取药学信息资源的方法探讨[J]. 考试周刊,2011,(17).

[8]黄煌. 关于综合性院校医学科研管理中需要处理的五个关系[J]. 赣南医学院学报,2010,(05).

[9]文凤春,王邦菊,肖枝洪. 生物序列比对算法的研究现

状[J].生物信息学,2010,(01).

[10]王文勇等.新技术、新方法在病理学中的应用[J].临床与实验病理学杂志,2012,(08).

[11]王可鉴等.生物信息学在药物研究和开发中的应用[J].中国药理学与毒理学杂志,2014,(01).

[12]饶冬梅.NCBI数据库及其资源的获取[J].科技视界,2013,(07).

第五章 网络医学文献信息资源检索

互联网上包含有医学发展的最新动态、国际医学协作和学术交流信息等,医学文献信息资源数量异常庞大。医学工作者想要迅速高效地获取信息的话,可以利用好搜索引擎、医学专业信息网站、网络医学数据库和开放获取资源来实现。

第一节 网络医学信息资源概述

一、网络信息资源及其特点

网络信息资源是一种新型数字化资源,与传统文献相比有较大的差别,了解网络信息资源的特点,对网络信息资源进行开发、建设与利用非常有帮助。

1. 数量庞大,内容丰富,种类繁多,形式多样

网络信息来源于各行各业,包括不同学科、不同领域、不同地区、不同语种,内容丰富且数量庞大。海量的网络信息资源在形式上包括文本、音频、视频、图像、软件、数据库等,呈现出多类型、多媒体等特点。

2. 增长迅速,时效性强

计算机和互联网的普及使得传统的信息加工处理方式发生

了改变,网络信息加工、整理用时短,信息发布、更新、传播速度快,时效性强。

3. 信息共享,交互性强,访问方便

用户通过网络检索信息不受时间和空间的限制,访问便捷。Internet 服务的内容进一步朝交互式信息共享、协同工作等方向发展,如视频共享和社交网络等,网络信息的共享性和交互性都特别地强。

4. 来源广泛,质量各不相同

由于网络信息发布信息来源渠道众多,信息资源来源广泛,网络信息发布的自由性、随意性,未对这些信息进行过严格地编辑和整理,于是就形成了一个纷繁复杂的信息世界,给用户选择,利用网络信息带来了障碍。

5. 免费使用与有偿使用同时存在

网络信息资源有免费与有偿服务之分,网络上有大量免费资源供人浏览查询,但因版权和经济等因素的综合考虑,绝大多数出版商和信息服务机构都是收费服务。

二、网络信息资源类型

网络信息资源类型繁多,由于划分依据不同其类型也不同。以下是从信息检索的角度对网络信息资源进行的分类。

1. 按传输协议分

(1)Web 信息资源

Web 信息资源是建立在超文本、超媒体技术以及超文本传输协议(HTTP)的基础上,集文本、图形、图像、影音为一体,并以直观的图形用户界面展现和传递信息的网络资源形式。

(2)网络论坛

论坛(Bullentin Board System,BBS)也称电子公告板,是一种不限期的交流平台,论坛的版块依据具体主题进行划分,用户可以阅读别人关于某个主题的看法,也可以将自己的想法公布在论坛里。专业论坛是学术交流与资源共享的重要场所,常常会有丰富的资源包括在内,同时也是专业人士集聚地,遇到问题发帖求助,或从问题提炼出合适的关键词进行搜索,往往能找到答案。

(3)FTP 资源

FTP(File Transfer Protocol)是 Internet 一个双向的文件传输协议,允许在计算机与服务器之间上传和下载文件。在程序软件和多媒体信息的传递过程中使用该协议的比较多。它采用万维网作为用户界面,运作容量大、速度快,是获取免费或共享软件资源必不可少的工具。从某种意义上讲,FTP 类似于在网络上两个主机间拷贝文件,是发布、传递软件和长文件的主要方法。

(4)Gopher 基于菜单的网络信息系统资源

Gopher 是 Internet 提供的菜单式驱动的信息查询工具,采用客户机服务器模式。Gopher 服务器将 Internet 的信息资源组织成单一形式的资料库,称作 Gopher 空间。Gopher 依关键字作索引,用户可以方便地从 Internet 某台主机连接到另一台主机,从而将所需的资料查找出来。目前在 Internet 上有许多 Gopher 服务器,用户可以使用 Gopher 的客户端访问 Gopher 服务器。

2. 按发布形式分

按发布形式可分为书目、索引、文摘型的二次文献数据库,查阅知识条目的参考型数据库,期刊文献数据库和其他文献数据库。

3. 按发布机构分

按发布机构可分为企业站点信息资源、学校与科研院所站点信息资源、信息服务机构站点信息资源和行业机构站点信息资源。

三、网络信息的检索途径

随着网络技术的发展、网络浏览工具的开发,网络资源发展越来越快,网络信息资源呈井喷模式爆发出来,想要快速有效地获取网络信息资源首先要了解网络信息资源的获取途径。以下几种为常用的获取网络信息资源的途径。

1. 搜索引擎

搜索引擎(Search Engines)以一定的策略在互联网中搜集、发现信息,对信息进行理解、提取、组织和处理,并为用户提供检索服务,从而起到信息导航的目的,在网络信息资源查找中发挥着重要的作用。搜索引擎的服务方式有分类检索服务和关键词检索服务。

2. 网络数据库

数据库是指在计算机存储设备上按一定地规则、合理组织并存储的相互有关联的数据的集合。网络数据库(也叫 Web 数据库)是以后台数据库为基础,加上一定的前台程序,通过浏览器使数据存储、查询等操作得以完成的系统。网络数据库可以实现方便、廉价的资源共享,数据信息是资源的主体,因而网络数据库技术顺理成章地成为互联网的核心技术。

3. 网站资源

网站资源是指 Web 信息资源、网络论坛、FTP 资源、Gopher 基于菜单的网络信息系统资源等。

4. 网上图书馆

目前,能够提供馆藏资源的网上检索的图书馆越来越多。此外一些数字出版商也建立了数字图书馆,通过网络提供信息服务。

第二节 网络医学信息资源检索工具

网络医学信息资源检索工具是指将因特网上大量无序分散的信息经过搜集、加工和整理,按照一定的规则和方法进行组织和系统排列,在提供检索服务的计算机系统中会用得到。"工欲善其事,必先利其器",搜索工具的选择对于网上信息的获取具有事半功倍的效果。

一、网络医学信息资源检索工具种类

因特网上各种检索工具很多,从检索内容角度出发,可分为综合性检索工具、专业性检索工具和专门性检索工具。

(一)综合性检索工具

综合性检索工具是综合信息检索系统,主题和数据类型不会对其有任何影响。为了尽可能地搜索更多网络资源,近年来通用型搜索引擎有向超大型发展的趋势。谷歌、雅虎、百度等均为常用的综合性检索工具。

(二)专业性检索工具

专业性检索工具是专业信息机构根据学科专业特点,将网络资源进行整理编排的专业性信息检索工具,一般经过人工筛选和评价,针对性较强,适用于专业人员查找专业信息。如查找医学专业信息的 Medmatrixi、Achoo 等;此外,还有针对某一学科内容的专科型检索工具,如 PharmWeb、ChemInfo、Biomednet 等,使医药学特定学科研究人员的需要得以满足。

(三)专门性检索工具

近年来,为了满足人们的需求,一些针对某一专门类型或专题需求检索工具也相继出现,如软件下载、查找三维图像、人名、机构、产品、电话号码、E-mail 地址等信息。

二、专业网络医学信息资源检索工具

1. Medical Matrix

Medical Matrix(http://www.medmatrix.org/index)由美国医学信息协会(American Medical Information Association,AMIA)于 1994 年创建,它以搜集网上临床医学信息资源为主,收录了 6000 多个医学网站,1500 多万资源链接。

(1)Medical Matrix 的主题分类

资源按内容分为:Specialties(专业),Diseases(疾病),Clinical Practice(临床实践),Literature(文献),Education(教育),Healthcare and Professionals(卫生保健与职业),Medical Computing、Internet and Technology(医用计算机、互联网和技术),Marketplace(市场)等八个大类。每个大类下又分二级类目,如 Specialties 类下分成 56 个二级类,每类收录的站点可通过该类后面括弧里的数字来表明,使用时逐层点击即可。

(2)Medical Matrix 的星级评价

AMIA 对 Medical Matrix 收集的所有医学资源由资深专家进行筛选、审定,并采用星号进行网站的质量分级,星越多,说明该网站内容越丰富、参考价值越大,最高为 5 个星级。

(3) Medical Marx 检索

首次进入 Medical Matrix,需在主页 Registration 栏中注册。只要在第一次使用时注册用户名和地址,就可定期收到网上新增医学站点及最新动态的消息。Medical Matrix 提供的查询方式包括关键词检索和分类检索这两种。

①关键词检索。还可进一步分为简单检索和高级检索。简单检索只需在检索提问框(Search for)中直接输入检索词,在该过程中会涉及提问框右侧的下拉菜单选择 Exact Phrase(精确短语)、All Word(所有词)和 Any Words(任何词),还可在提问框下方的下拉菜单中用资源类型进行限定检索,如只要新闻消息、病理/临床影像资源、X-ray 信息、医学继续教育等。选择后点击"Search"按钮即可得到相关信息。其高级检索(Advanced Search Options)除提供检索词选项外,还有文摘、杂志、多媒体、病例、新闻等对检索结果进行多项选择。

②分类检索。十分详细,层次结构严密,在大类下点击所需的下位类,检索结果按信息的不同类型提供与该类目有关的检索工具(Searches)、新闻消息(News)、全文、多媒体(Full Text/MultiMedia)、杂志(Journals)、教科书(Textbooks)、主要站点/主页(Major Sites/Home Pages)、影像病理临床(Image, Path/Clin)、临床指南/常见问题解答(Practice Guidelines/FAQs)、教材(Educational Materials)以及热点问题(Forums)等。

③其他检索功能。在 Medical Matrix 主页左侧链接项中,还提供一个"FEATURED LINKS"资源类型分类栏目,内容包括:MEDLINE、Textbooks(教科书)、CME(医学继续教育)、Rx Assist(处方药)、News(新闻)、Journals(期刊)、Patient Education(患者教育)、Classifieds(分类)等。如对其中某类信息感兴趣,可直接进入检索,如在教科书链接中可直接检索著名的药物手册(Merch Manual)、医学百科全书(Gal Encyclopedia of Medicine)临床检验网链接等。对所有的收录内容,系统都会有简要描述,并标有星级。

2002年5月,Medical Matrix开始对搜索部分实行收费服务。

2. Medical World Search

Medical World Search(http://www.mwsearch.com,MWS),是于1997年因特网上最早创建的一个医学专业搜索引擎,囊括了数以千计的医学网点近10万个Web页面。采用NLM研制的一体化医学语言系统(Unified Medical Language System,UMLS)进行标引分类,该系统融合了30多种生物词学词表和分类表(包括MeSH)约54万个医学主题词、同义词、近义词,几乎所有医学词汇均包括在内,检索时可根据词表扩展或缩小检索范围。

初次访问MWS需注册才能利用其搜索栏目。左栏设有医学世界检索、导航介绍、新闻、视频检索、医学专业检索、美国卫生统计、医学检验、医学教育/CME等栏目。其中比较实用的免费检索包括以下几个:Home MWSearch,主要内容有PubMed/MEDLIN检索;Drug Search:药物检索可按药名和商品名字顺查找;Medical Encyclopedia:医学百科全书设有按字母排序浏览链接;National Library of Medicine提供国立医学图书馆的各种卫生信息;Medical Conferences医学会议和CME课程介绍;Search Medical Books医学专著检索;以及医生检索、临床试验检索等多项检索服务。Domain Search:专业检索提供Alzheimer Disease、帕金森病、癌症、糖尿病等专业信息。Press Releases:提供部分期刊论文链接。

MWSearch对注册用户可自动记忆最近的十次检索和最近通过MWS进入的10个网页,浏览起来非常方便。

第三节 医学专题资源的获取

Internet上资源广泛、类型各样、数量庞大、彼此交叉重复,如何准确地获取特定类型的医学信息呢？常用方法不外乎以下三种：①通过综合性的搜索引擎；②通过医学专业搜索引擎；③直接访问专题网站。以下就几个特定的检索主题为例进行讨论。

一、电子期刊全文的获取

(一)通过综合性的学术搜索引擎

学术搜索引擎跟大多数的学术期刊数据库和期刊网站建立了链接关系，可将来自期刊、图书等学术出版物上的论文、章节等学术信息在极短时间内搜索到，并将非学术类的信息一一过滤掉。

1. google 学术(http://scholar.google.com)

在其检索框内输入检索词，即可检索到提供涉及该词的期刊论文和图书等信息的网站。或者利用其高级检索功能，直接检索某作者或某期刊的文献。检索结果中的每条信息包括题录信息(标题、作者、发表的期刊、年卷期和页码)、被引用次数、相关文章和版本等，单击标题，则可进入提供该篇论文的网站，标志有[PDF]的则可直接下载到免费的全文。

2. Scirus(http://www.scirus.com)

可搜索预印本服务器、电子文档、机构仓储、专利和期刊数据库，能深入搜索到二级页面以下，使用户能更多、更快速、更准确地获取更多的 PDF 文档。在检索结果界面，通过左边的文献类型过滤器可将 PDF 格式的信息筛选出来。

(二)通过专业的期刊全文数据库

1. 中文期刊全文数据库

提供中文期刊全文的数据库有：中国学术期刊网(CAJD)、

中文科技期刊数据库(VIP)、万方数据资源系统—数字化期刊子系统(Wanfangdata)。

以上这些网站是目前国内介绍较为著名的提供期刊免费检索及有偿全文下载的数据库网站,在此不再对其使用方法做详尽介绍。

2. 外文期刊全文数据库

提供外文期刊全文的数据库有:Ovid Full Text(278 种生物医学期刊),SringertLink(590 生物医学期刊),ScienceDirect 电子期刊(免疫学与微生物学 93 种,材料科学、数学、医学 272 种,神经科学 75 种,药理学和毒理学 51 种),ProQuest 医学电子期刊全文数据库(1385 种)以及 EBSCOhost 的 Academic Search Premier(ASP)等。

(三)通过综合性的学术网站

国家科技图书文献中心(National Science and Technology Library,NSTL)(http://www.nstl.gov.cn)可供检索的期刊包括:西文期刊 12634 种,中文期刊 4350 种,日文期刊 1101 种,以及俄文期刊 378 种。此外,中心还能够提供美国《科学》、英国皇家学会会刊、会志以材料科学等方面的 15 种网络版全文期刊的免费阅读及下载。用户通过 http://www.nstl.gov.cn 进入国家科技图书文献中心主页。非注册用户可进行检索,阅读文摘,想要使用全文服务的话就需要注册了。

二、电子图书全文

(一)通过综合类学术搜索引擎

google 学术(http://scholar.google.com)

在其检索框内直接输入一个主题或图书、章节名称,如输入

"内科学",检索结果显示的信息列表中,标有[BOOK]的即为提供全文的图书信息。

(二)通过图书搜索引擎

1. Google Books(http://books.google.com)

Google 通过与全世界知名的图书馆以及 20000 多个出版者和作者合作以将其收藏的和出版的图书包括在图书搜索中。

通过 Google books 搜索到的图书,若为不受版权保护的图书、出版商或作者授权的图书,读者可在线阅览,有些 PDF 全文的下载也是可以实现的;若为受版权保护的图书,则提供购买或借阅的网址链接,读者也可直接向 Google Play Store 购买电子版图书。

检索方式有基本检索和高级检索,若要搜索指定书名或作者的图书,利用其高级检索功能可以说是最快捷的方式,在相应的字段输入要搜索内容。如果知道 ISBN 号,则可使用如下格式构造网址 http://books.google.com/ISBM＝00609303014(注:00609303014 处为实际所知的 ISBN 号)。

2. 读秀学术搜索(http://www.duxiu.com/)

由超星公司创办于 2000 年,是一个中文学术资源搜索引擎。可将图书馆纸质图书、电子图书、期刊、报纸、学位论文、会议论文等各种学术资源整合于统一的检索平台,实现统一检索,使读者在读秀平台上获取所有学术信息。其具有以下特点:

①整合馆藏纸质图书、电子资源:将图书馆现有的纸质图书、自有电子图书、自有电子期刊与读秀知识库数据之间进行对接,整合后实现馆内资源、读秀知识库的统一检索。读者使用一个检索词进行检索时,可获得该知识点来源于期刊、论文的所有内容。

②阅读途径:读秀提供部分原文试读功能:如封面页、版权

页、前言页、正文部分页,将图书内容没有隐瞒地揭示出来;并提供阅读馆内电子全文、借阅馆内纸质图书、文献传递获取资料、馆际互借图书等功能。

③深度、多面检索:可实现对全文的检索,显示与检索词相关的图书、期刊、报纸、论文、人物、工具书解释、网页等多维信息,使多面多角度的搜索功能得以实现。

(三)直接访问数字图书馆或电子图书网站

数字图书馆(Digital Library)是采用数字技术处理和存储文献,并通过网络实现图书等馆藏信息的查询、借阅、传输和利用服务的新型图书馆。通俗地说,数字图书馆就是虚拟的、没有围墙的、不受时空限制的图书馆,是基于网络环境下共建共享的可扩展的知识网络系统。数字图书馆是传统图书馆在信息时代的发展,它在具有传统图书馆功能的同时,还向社会公众提供了相应的服务,还融合了其他信息资源(如博物馆、档案馆等)的一些功能,提供综合的公共信息访问服务。

1. 阿帕比(Apabi)数字图书馆(http://ref.lib.apabi.com)

创立于 2000 年,提供的电子图书数量约 35 万册,合作的出版社有 450 多家。所有图书均按照经典的《中国图书馆分类法》进行分类,并支持全文检索。其具有以下特点:

①提供全面查询、批量操作、推荐图书、读者身份注册等功能;

②可以 IP 登录和密码登录,对于每类用户,可以设定详细的权限,可以设定账号的有效期限;

③读者界面简单易操作,可以加亮、圈注、标记、书签、摘录、检索、适量复制;提供目录,能够直接跳转;

④读者可以多角度检索,元数据检索、逻辑检索、全面检索、关联检索、全文检索、分类导航等均为常见的检索方式;

⑤提供的统计分析功能比较丰富,包括:时间分析、类别分

析、单本书分析、读者分析等,此外还能够提供一份综合性的使用分析报告;

⑥提供标准接口,与各种图书馆 OPAC 系统双向连接也可通过接口来实现,读者可同时查询到纸质图书和电子书情况;

⑦导读和书评功能,具有权限(用户组权限的设置可由管理员来完成)的用户可以对某本书发表导读和评论。

2. 超星读书(http://book.chaoxing.com/)

2000年1月,由北京世纪超星公司与广东中山图书馆合作开通,目前已经成为一个由全国各大图书馆支持的庞大数字图书馆展示推广平台。涉及的专业多达几十种之多,如文史哲、医学、计算机、建筑、经济、金融、环保等。通过与图书作者签订合约的方式提供35万授权作者的近40万册图书的阅览。实行免费浏览、会员制两种服务模式。免费浏览的读者可通过网页阅读、超星浏览器阅读及下载方式阅读部分图书或章节。会员制则是通过购买超星阅读卡,注册为会员,可在一年内将图书馆的书下载到本地计算机上进行离线阅读。提供有书名关键词检索和分类类目检索两种检索方式。

三、医学图像资源

网络上的医学图像资源主要有实体相片、计算机模拟图片、显微镜下图片、各种放射学图谱等。从内容的角度出发,可以分为解剖学、生理学、病理组织学、寄生虫学、外科手术、皮肤病皮损及眼底图谱等。

(一)通过综合性的图片搜索引擎获取

大多数的综合搜索引擎都有"图像"或"图片"栏目,可通过单击按钮来进行检索。

1. Baidu 图片(http://image.baidu.com/)

如要找"胰腺炎"的相关图片,在检索框内输入"胰腺炎",单击"百度一下"即可获得相关图片,见图 5-1[①]。

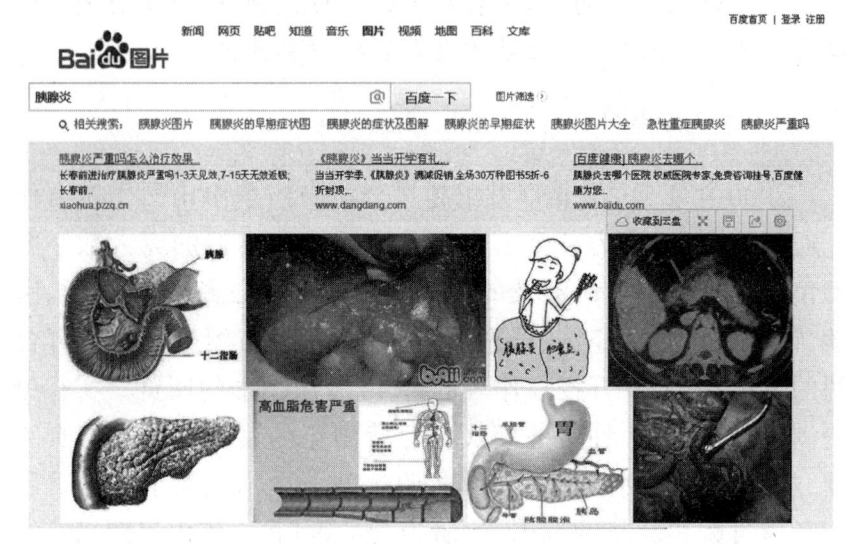

图 5-1　Baidu 图片摘要

Baidu 图片提供"高级"检索功能,可对检索结果进行关键词限定、图片格式限定(可选择 jpg、gif、bmp、png 和所有格式)、搜索范围限定等。

2. 雅虎图片搜索(http://image.yahoo.cn)

雅虎在搜索图片中运用的是垂直搜索核心技术 Vespa 平台技术,每天会将搜索到的数千万新图片入库,每周会对全部图片数据库进行更新,保证新图片能够及时添加到图片数据库中,目前已有超过 20 亿中文图片,英文雅虎甚至还将 Flickr 网站的海量图片也纳入数据库中。可搜索聊天表情和头像。

---

① 李红梅,王振亚. 医学信息检索与利用[M]. 北京:人民邮电出版社,2013:137.

3. 有道图片搜索(http://image.youdao.com)

有道图片搜索能够实现不同相机类型或季节拍摄照片的搜索,还可限定图片大小、色彩模式、图片格式、特殊长宽比等。

大多数的图片搜索引擎都是根据输入的关键词来搜索图片的,近年来出现了一种新的图片识别搜索引擎,却可以通过图片来搜索图片。如 http://tineye.com/ 就是一个典型的以图找图的搜索引擎,通过输入本地硬盘上的图片或者输入图片网址,即可自动帮助用户搜索到相似图片。其主要用途有:①发现图片的来源与相关信息;②对图片信息在互联网的传播过程进行追踪;③将高分辨率版本的图片查找出来;④找到图片的不同版本。

最近,Google 图片和百度识图(http://shitu.baidu.com)也推出了最新的"以图识图"搜索功能,基于图片识别技术,能够将与上传图片相似的图片资源及信息内容搜索出来。

(二)通过专业图库获取

1999 年,由 nucleus 公司创建并维护了 Nucleus(http://catalog.nucleusinc.com)。Nucleus 能够提供 15000 幅经医学专业人士审核的医学各类图像及动态图像,图像清晰精美,标注详细。可通过以下两个方法来进行检索:关键词检索;可通过主页左栏提供的按人体各系统分类的导航进行检索。检索时可以对图像的类型进行限定,包括所有类型、插图、图表、含图表的样章等(见图 5-2)。

四、医学统计资料

医学研究的重要结果即为医学统计数据,也是医疗决策的重要依据。各国的卫生统计数据可通过国际组织,如世界卫生组织的网站发布,也可通过各国的统计局或卫生部的网站发布。

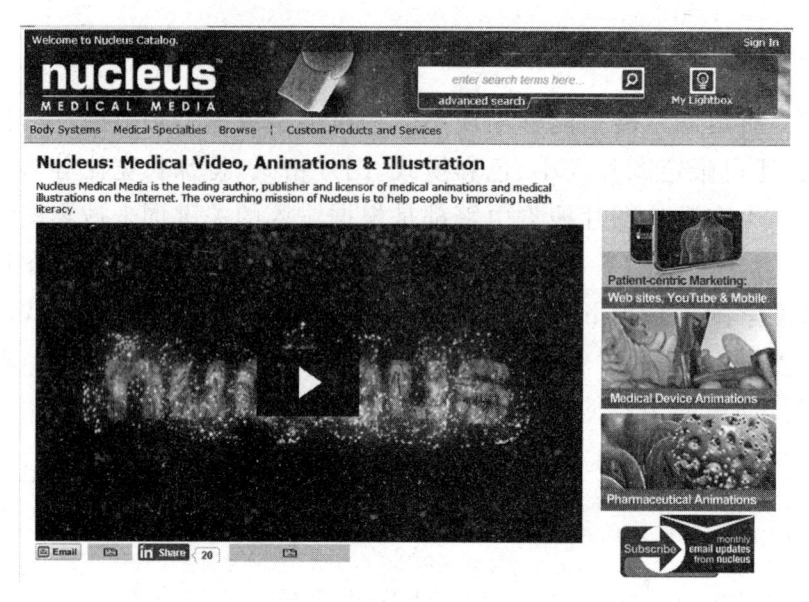

图 5-2　nucleus 关键词和人体系统分类导航

(一)世界卫生组织全球卫生观察站

WHO 全球卫生观察站(Global Health Observatory, GHO, http://www.who.int/GHO)是世界卫生组织向全球提供多种医学标准、疾病的监测数据、全球性卫生统计数据以及流行病学数据的一个检索系统。

通过 GHO 可获得的统计数据和资料包括以下几个方面：疾病负担统计、死亡原因统计、世界卫生报告年度统计、人口统计、卫生从业人员统计、精神病死亡率统计、HIV/AIDS 信息与数据、免疫接种统计等统计数据，以及疾病负担计划、国际疾病分类法及 WHO 术语信息系统、全球酒精数据库、基因组与世界卫生等与卫生和卫生统计有关的信息资料。

单击"Date repository"(数据储存库)，可查看该库下的 50 多个医疗相关数据库，这其中也包括涉及死亡率疾病负担等范围广泛的指标清单。可按主题、国家进行选择，从而实现世界各地卫生相关统计数据和其成员国的国家统计数据和卫生概况的查询。也可单击上方的 Data and statistics(数据和统计数字)，进入各数据库查看。

(二)各国政府网站

1. 中华人民共和国卫生部

中华人民共和国卫生部(http://www.moh.gov.cn)，其"卫生统计"栏目能够以公报、月报、季报、年报、专题、统计提要及统计年鉴的形式公布来提供我国卫生事业各项统计资料。

2. 美国国家卫生统计中心(National Center for Health Statistics)

美国国家卫生统计中心(http://www.cdc.gov/nchs/)是发布全美国家卫生各项统计信息的权威网站。包括公众健康状况、医疗卫生保健系统、疾病监测、生物医学和卫生服务研究等各领域的数据信息,资源非常丰富。

3. 英国国家统计局(Office for National Statistics)

英国国家统计局(http://www.statistics.gov.uk)的"health & Care"栏目提供英国国家医疗卫生统计数据的查询。

五、网络参考资源

网络参考资源解决人们关于何时、何地、何人、何事的提问，或关于字词、文句的释意、学习资源的获取。

(一)词典

1. 有道词典

有道词典(下载地址:http://cidian.youdao.com/),是由网

易开发的免费软件,有效融合了网络在线词典和桌面词典的优势,除具备中英、英中、英英翻译、汉语词典功能外,还具备全新的日语、法语、韩语查词功能。同时,创新的"网络释义"功能将各类新兴词汇和英文缩写收录其中,依托有道搜索引擎的强大技术支持及独创的"网络萃取"技术,配合以全面的 OCR 屏幕取词功能及最新有道指点技术,能够很好地满足用户对翻译功能的需求。

2. 新编全医药学大词典

《新编全医药学大词典》是 2009 年由北京金叶天翔科技有限公司开发,供医、药等专业人士使用的医药学词典软件。其以全国自然科学名词审定委员会医学名词分会公布的词汇为框架,提供英汉、汉英对照,收词量 200 余万条,公共词汇 60 万条,且 MeSH 主题词数据(主题词的英文释义、MeSH 相关词、医学同义词)也包含在内;涵盖了临床各科、基础医学、分子生物学、药物、器械和中医中药等领域的最新词汇,是目前较权威、全面和实用的集医学、药学和器械学为一体的大型工具词典软件之一。

3. 新编临床用药参考

原名《医师用药参考》,2001 年由北京金叶天翔科技有限公司制作推出,亦是其系列医学专业软件之一。内容囊括了国家食品药品监督管理局(SFDA)和制药企业提供的药品说明书 11000 余份,7 万余种中西药名称,国内外用药指南 2200 余份,不良反应信息的个例报道 15 万份,用药审查数据 15 万余条(涉及药物相互作用、配伍禁忌、交叉过敏、禁慎用情况等),国内外用药指南 2200 余份,实验室检验参考资料 480 余份。所有资料均经过中国医药学会组织的临床药学专家组审核通过。国家食品药品监督管理局、药品生产企业、药典、临床药学权威专著及医药学核心期刊即为资料来源。提供了如药物分类检索、药名检索、药物条件检索、不良反应报告检索、诊疗指南检索、临床检验检索等多种查询方式。不失为临床药学、医学工作者的得力助手。

(二)百科全书

1. 百度百科

百度百科(http://baike.baidu.com/)所提供的是一个网络所有用户均能平等的浏览、创造、完善内容的平台。目的在于能够让所有中文网络用户在百度百科都能找到自己想要的全面、准确、客观的定义性信息。

2. 互动百科

互动百科(www.hudong.com)为全球最大中文百科网站,创建于2005年,创建初衷是为数亿中文用户免费提供海量、全面、及时的百科信息,并通过全新的维基(wiki)平台不断改善用户对信息的创作、获取和共享方式。

3. Wikipedia

维基百科(中文版网址 http://zh.wikipedia.org/)是一个基于wiki技术的多语言百科全书协作计划,也是一部用不同语言写成的网络百科全书,其目标及宗旨是为全人类提供自由的百科全书——用他们所选择的语言来实现编写,是一个动态的、可自由访问和编辑的全球知识体。也被称作"人民的百科全书"。

2002年,中文维基百科正式成立,同时还设有包括闽南语维基百科、粤语维基百科、文言文维基百科、吴语维基百科、闽东语维基百科及客家语维基百科等其他独立运作的中文方言版本。

4. 中国知网百科

中国知网百科(http://epub.cnki.net/kns),汇集了如《现

代汉语新词语词典》、《临床医学多用辞典》、《中国学前教育百科全书》《化学物质辞典》、《麦克米伦百科全书》等国内外众多词典,每个词条提供释意及来源词典。

(三)交互学习资源

网络资源的强大交互性也可以说是其重要特点。即信息提供者和使用者之间的双向或多向互动,这种互动可以是人机之间,也可以是人人之间,多人之间的问答、交流和讨论。论坛、博客、网络课程(课堂)等均彰显了网络资源的交互性。

第四节　国内外主要医学信息网站

生物医药网站众多,国内网站资源从大的类别分析主要有针对企业或组织的服务和针对个人服务。针对个人服务的定位是根据需求来实现的。需指出的是,充分利用好专业领域内的医学网站,就能及时、系统地获取相应的信息。需要注意的是这些资源是动态的,专业网站的收集可从搜索引擎网站导航、专业网站导航等途径去了解,利用积累是一个重要的途径,还要注意,海量的网络资源良莠不齐,使用时需要仔细筛选鉴别。本节将常用的医学网站按使用分类进行介绍。

一、国内医学信息网站导航

1. 综合性医学信息网站

(1)中国医药网(http://www.pharmnet.com.cn/)

中国医药网[①]开设栏目有中医药、健康家园、百姓OTC、国

[①] 陈燕．医学信息检索与利用[M]．北京:科学出版社,2012:96

际动态、医药人才、医药展会、医药论文、医药论坛等。中医药和医药论文两个栏目是中国医药网的重点。其中,中医药栏目由医药网与上海市中医文献馆联合推出,宗旨在于收载和发布中医药资讯、中药材行情以及保健养生和药膳食疗等方面的信息与知识,同时介绍当代名中医并收载难病诊治与针灸方面的资料以及其他中医文献。医药论文栏目用于发布有关医药的调查研究、学术论文,以及相关的外文翻译,旨在为从事医药行业的人员提供发布调研成果和学术思想的平台,进而促进行业内的学术交流。

(2)首席医学网(http://www.shouxi.net)

首席医学网由华夏时代(中国)投资集团投资创办,借助于互联网为医学专业人士提供一个开放的学术交流及服务的平台。目前收录有300多种中文权威医学杂志,提供免费全文阅读。网站可以实现文章内容的全文检索。医学期刊频道和医学期刊社合作,提供医学期刊的全文展示平台和共享网络空间。各医学期刊社根据自身情况提供现刊内容,通过使用首席医学期刊频道,将资料上传共享到网络上,实现和广大医学专业人士的互动交流并提供在线投稿服务。首席医学会议频道与医学学会组织、继续教育项目单位合作,提供医学会议资讯,会议的跟踪报道,往年会议信息,且能够支持在线报名参加。首席医学书店与中华医学会音像出版社、期刊杂志社等合作,经营多种医学继续教育教材,医学期刊。首席医学书店支持在线订购,医学继续教育教材可申请学分;首席医学社区以交流和共享为宗旨的医学论坛,分为三大区九版块,提供临床资料共享,专业知识交流,医师考试信息等互动式服务。

(3)丁香园(http://www.dxy.cn)

丁香园生物医药科技网(DXY.CN)成立于2000年7月23日,为广大医药生命科学专业人士提供专业交流平台是其创办宗旨,面向医生、药剂师等医学专业人士,是国内规模最大、最受专业人士喜爱的医药行业网络传媒平台之一。至2011年10月网站汇聚超过 255 万医学、药学和生命科学的专业工作者。

此外,以下综合型医学网站也比较常用:37 度医学空间(http://www.37med.com/)、中华中医网(http://www.zhzyw.org/)、西部药学网(http://www.westyx.com/)、中国护理教育网(http://www.nurse91.com/)、中国药网(http://www.chinapharm.com.cn/)、慧聪网医药行业(http://www.pharm.hc360.com/)、中国金药网(http://www.gm.net.cn/)、四月蒿药学在线(http://www.syhao.com/)等。

2. 机构与组织类医学网站

在医疗卫生方面,具有政府背景的网站以发布医疗卫生宏观政策,提供医疗卫生信息查询服务为主要宗旨,其提供的信息权威性、准确度都比较高。

(1)中华人民共和国卫生部(http://www.moh.gov.cn)

中华人民共和国卫生部是主管卫生工作的国务院组成部门。主办的网站主页分为政府信息、业务频道、综合频道三个频道。每个频道又下设有若干子频道,提供机构职能、政策法规、规划计划、行政许可、卫生标准、卫生统计、公告通告以及工作动态等信息。

(2)中华医学会(http://www.cma.org.cn/)

中华医学会(Chinese Medical Association)成立于1915年,是中国医学科学技术工作者自愿组成并依法登记成立的学术性、公益性、非营利性法人社团,现有 83 个专科分会,其业务侧重于以下几个方面:开展医学学术交流;开展医学科技项目的评价、评审和医学科学技术决策论证;编辑出版 123 种医学、科普等各类期刊及 100 余种音像出版物;开展继续医学教育;开展国际间学术交流;评选和奖励优秀医学科技成果(包括学术论文和科普作品等);开展专科医师的培训和考核等。网站设置的栏目很多,主要包括业务中心、学术活动、继续教育、系列杂志、科技评定、社区、论坛、博客等。

国内机构与组织类医学网站还有：国家中医药管理局(http://www.satcm.gov.cn)、中国药学会(http://www.cpa.org.cn)、中华医师网(http://www.cmda.org.cn/)、中华预防医学会(http://www.cpma.org.cn/)、国家药品监督管理局：(www.sda.gov.cn)、中国医药质量管理协会(http://www.cqap.cn/)、国家药品生物制品检定所：(www.nicpbp.org.cn)、中国疾病预防控制中心(http://www.chinacdc.cn/)、中国循证医学中心(http://ebm.org.cn/)、世界卫生组织(http://www.who.int/zh)、中国红十字会(http://www.redcross.org.cn)等。

3. 门户网站

门户网站是指提供某类综合性互联网信息资源并提供有关信息服务的应用系统。由于市场竞争日益激烈，门户网站为了尽可能地占有市场，正在积极拓展各种业务类型，以期通过门类众多的业务吸引和留住网络用户，在我国，典型的门户网站有新浪网、网易和搜狐网等，国内医学门户网站主要有以 39 健康网(http://www.39.net)、寻医问药网(http://www.xywy.com/)、飞华健康网(http://www.fh21.com.cn/)为代表的三种类型的特色网站。39 健康网以做医疗门户为主，以各种不同的栏目进行分类，让不精通医学的非专业人士能够掌握到医疗保健相关知识。寻医问药网，其特点是具有一个简易的搜索引擎，有一定的搜索功能，另外拥有地方站，发展规模比较大。飞华健康网则是在注重医疗的同时注重保健方面的内容。

二、国外医学信息网站导航

1. 美国国立卫生研究院(http://www.nih.gov/)

美国国立卫生研究院(National Institutes of Health, NIH)隶属于美国卫生与人类服务部，是世界一流的医学研究中心，其下属的研究所和中心包括著名的国立癌症研究所、国立人类基因组研究所、国立医学图书馆等。卫生信息(health information)、临床试验(clinical trails)、研究聚焦(research highlights)、结构基因组织学(structural genomics)等为美国国立卫生研究院网站的主要栏目,是医学科研人员常用的综合性医学网站之一。

2. 美国国立医学图书馆(http://www.nlm.nih.gov/)

美国国立医学图书馆(National Library of Medical,NLM)隶属于美国国立卫生研究院,是世界上最大的医学图书馆。美国国立医学图书馆网上医学资源数据量非常庞大,包括PubMed在内的几十种数据库供网上用户免费使用。NLM网站首页主要栏目有:数据库(databases);在NLM进行的各项研究(research at NLM),其中人类基因组资源、生物医学研究和生物医学信息学等也包含在内;NLM相关介绍和使用指南(explore NLM);新闻和事件(news and Events)等。

其他常用国外医学信息网站有:美国疾病控制与防御中心(CDC,http://www.cdc.gov)、英国国家卫生电子图书馆(NHS,http://www.nelh.nhs.uk)、美国国立癌症研究所(NCI,http://www.nci.nih.gov)、美国癌症研究学会(American Association for Cancer Research,http://www.aacr.org/home/scientists/publications-of-the-aacr.aspx)、世界医学会(http://www.wma.net)、美国医学院协会(http://www.aamc.ore/)等。

第五节 网络免费医学信息资源检索

一、免费网络学术资源概述

(一)免费网络学术资源概念

免费网络学术资源是指在互联网上可以免费获得的具有学

术研究价值的社会科学或自然科学领域的电子资源,它可以是数据库、电子图书、电子期刊、电子公告栏、电子论坛、电子预印本系统、网上书店和政府、高校、信息中心、协会或组织网站,以及专家学者个人主页、博客等。

(二)免费网络学术资源类型

随着因特网的发展和普及,网上信息资源呈爆炸式增长,免费网络学术资源也呈井喷式涌现出来。根据划分标准的不同,免费网络学术资源也可以分为不同的类型。

1. 按交流方式划分

免费网络学术资源可分为正式出版资源(电子图书、电子期刊、数据库、软件、图书馆公共查询目录等)、非正式出版资源(电子邮件、电子公告、论坛、博客等)、开放获取资源(开放获取资源、知识库、机构库、电子印本资源)以及学术资源搜索门户网站。

2. 从内容加工角度划分

如前所述,免费网络学术资源可分为一次信息(网上图书、期刊、报纸、专利、政府出版物、会议资料等)、二次信息(文摘索引数据库、搜索引擎、网站导航等)、三次信息(百科全书、手册指南等参考型网站)。

3. 按传输方式划分

免费网络学术资源可分为 WWW、Telnet、FTP、Usenet/Newsgroup、LISTSERV/Mailing List、Gopher、WAIS。

4. 从信息的发布者来划分

免费网络学术资源可分为政府机构官方网站、科研机构和学会组织、数字图书馆项目成果、出版发行机构网站以及专家学者的个人主页等。

(三)免费网络医学信息资源

免费网络医学信息资源是指在互联网上可以免费获得的具有学术研究价值的生物医学及其相关学科领域的电子资源,它的形式和种类是多种多样的,可以是数据库、电子图书、电子期刊、电子公告栏、电子论坛、电子预印本系统、网上书店,以及政府、高校、信息中心、协会或组织网站,也可以是医学软件、博客、WiKi、百科词典等。它的类型包括搜索引擎资源、开放存取资源、电子印本资源、学术资源搜索门户网站、交互学习资源、消费者健康信息网站等。下面对开发存取资源和医学下载资源做重点介绍。

二、开放存取资源

(一)开放存取资源概述

伴随着互联网的蓬勃发展,开放存取(Open Access,简称OA)活动应运而生,它是国际学术界、出版界、图书情报界为打破商业出版者对学术信息的垄断和暴利经营而采取的活动,这种活动可以推动用户通过互联网免费或低价、自由地利用科研成果。其目的是促进学术信息的广泛交流和资源共享,促进用户利用互联网进行学术交流与出版,使科学研究成果的传出率得以尽可能地提高,使世界各国的研究人员都能平等、有效地利用人类的科技文化成果。

《布达佩斯开放存取计划》(Budapest Open Access Initiative,BOAI)对开放存取的定义是通过公共网络可以免费获取所需要的文献,允许任何用户阅读、下载、复制、传递、打印、检索及获取在线全文信息,允许对论文全文进行链接、建立索引,只要是合法用途,经济、法律和技术方面就不会对它造成任何影响。唯一的限制就是要求保护作品的完整性,同时要求读者在参考、引用其中的作品时应在读者作品中将相关的引用信息一一注明。开放存取包括两层含义:一是指学术信息免费向公众开放,它打破了价格障碍;二是指学术信息的可获得性,它打破了使用权限障碍。

开放存取出版模式兴起于20世纪90年代末,它的兴起有着深刻的时代背景。

1. 出版商垄断和控制学术期刊的出版

科学研究的重要组成部分就是学术交流,而科学期刊论文又是学术交流的主要形式。由于期刊订购费用不断上涨,图书馆在年年追加期刊订购经费的同时,不得不年年删减期刊的订购品种。虽然图书馆尝试利用馆际互借、集团采购等方式来尽可能地减轻期刊订购的压力,但学术交流的障碍仍未得到本质上的解决。学术期刊购置费持续高涨阻碍了正常的学术交流活动,鉴于此种情况,北卡罗来纳州大学图书馆员 Pegg E. Hoom 在《谁来唤醒沉睡中的巨人》中呼吁教师、大学共同合作,取回学术出版的主导权。

2. 学术期刊的网络化出版,使出版成本得以降低

互联网带来了创作方式、编辑方式、出版方式、发行方式和阅读方式的深刻变革,把传统的编辑、出版、印刷和发行整合为一体,大大降低了出版成本。尽管如此,出版商采取传统的订阅模式,并通过IP地址限制和用户密码等方式对用户的访问权限进行严格控制,还进行捆绑销售,图书馆想要随意选择自己所需要的具体刊物是无法实现的。结果是出版商利用电子期刊的低廉成本获取了更为巨大的利润,而学术交流的需要并未得到本质上的满足。

基于上述原因,在国际上出现了通过学术资源传播的开放存取来抵制商业化知识的运动。开放获取作为一种新型的学术

交流理念和机制,这些年来得到了长足的发展,开放获取的信息资源类型除了最开始的学术期刊外,还包括电子印本、电子图书、学位论文、会议论文、研究报告、专利、标准、多媒体、数据集、工作论文、课程与学习资料等。此外,还包括一些带 Web 2.0 特征的微内容,如论坛、博客、维基、RSS 种子及 P2P 的文档共享网络等内容。

(二)开放获取期刊信息资源

在多方面的共同努力下,支持学术成果的开放访问、推动科学信息广泛传播的开放存取潮流正在涌动,以开放存取期刊为代表的开放存取资源日益增加。开放存取期刊有两种运作模式:一种是有专项资金资助的模式,其出版和使用都不发生任何费用;另一种是商业化运作模式,由作者支付一定费用(这项费用实际多由项目基金或机构支付)给出版商,以使同行评审和出版的成本得以有效平衡,用户免费使用。

当前,开放存取期刊已逐渐被一些重要的文摘索引数据库所接纳。比如,据 ISI 网站 2004 年 10 月发布的引文分析报告显示,2003 年度被 ISI 引文库(Web of Science)收录的开放存取期刊达 239 种,其中某种期刊的影响因子和即时指数甚至比同类著名期刊还要多。ISI 的这篇报告还显示,开放存取期刊的种数,按学科领域划分,医学、生命科学的数量最多,其次是物理、工程技术与数学、化学,而社会科学和人文科学都较少,增长也非常有限。下面对综合类和生物医学及相关学科开放存取期刊做重点介绍。

1. 国外主要开放获取信息资源

(1)DOAJ

1)简介。开放存取期刊目录(Directory of Open Access Journal,DOAJ)是瑞典 Lund 大学图书馆于 2003 年 5 月推出的开放存取期刊目录检索系统(http://www.doaj.org),目前该

系统已提供9755种开放期刊的访问,其中5682种支持论文级检索,收录论文总量达1644828篇(数据截止到2014年5月),相信随着时间的增长,收录论文总量也会持续不断地增多。

DOAJ期刊内容涉及所有学科。DOAJ是一个为全球研究和教育领域提供服务的、最大的开放获取期刊目录,收录主题包括农业及食品科学、美学及建筑学、生物及生命科学、经济学、化学、地球及环境科学、一般主题、健康科学、历史及考古学、语言及文学、法律及政治学、数学及统计学、哲学及宗教学、物理及天文学、一般科学、社会科学、工程学等17种主题及若干小主题。DOAJ提供的生物医学相关文献有生物学(124种刊)、生命科学(53种刊)、化学(76种刊)、健康科学(417种刊)、口腔科学(36种刊)、医学(261种刊)、护理(22种刊)以及公共卫生(98种刊)。

(2)HighWire Press

1)简介。HighWire Press(http://highwire.stanford.edu)是全球较大的提供免费全文的网站,由美国斯坦福大学HighWire出版社于1995年建立。该网站主要负责开发和维护生物医学和其他学科重要期刊的网络版,内容涉及生命科学、医学、物理科学、社会科学方面的期刊及一些非期刊性质的网络出版物。截止到2014年5月,该网站收录了来自130个学术性出版社出版的期刊、图书等600多万篇文献的免费检索,其中的190多万篇全文开放获取(全文为PDF格式或HTML格式),内容覆盖生命科学、医学、物理学和社会科学。

2)使用方法。HighWire Press网站为Free Online Full-text Articles提供了检索和浏览两种功能,其中检索功能包括基本检索和专门检索,浏览功能包括学科主题浏览和刊名、出版商等浏览方式。此外,可以免费注册获得如订阅快讯、收藏期刊等个性化服务。

①浏览。

a. 期刊浏览。网站首页下方"Browse"条目下提供期刊的浏览途径有：按刊名首字母浏览期刊、按标题浏览、按出版商浏览、按主题浏览、其他列表。若刊名后标注"Free Issues"则表示该刊的部分过刊全文是免费的；若刊名后标注为"Free Trial"，则该刊在试用期内有免费全文；若标注为"Free Site"，则表示该刊的所有内容均免费。

b. 论文浏览。在平台首页"Browse"栏目下，选择"Articles"选项卡，进入学科分类浏览论文页面。系统提供用户从四个学科大类入手浏览论文，每个学科下又可继续细分至二级、三级学科类目，如社会科学部分细分为人类学、传播学、犯罪学、经济学、教育、管理、政治学、心理学、研究方法和社会学等10个二级类目。用户可将类目逐级展开，直至论文题录列表。

②检索。该系统提供了快速检索和高级检索两种检索方式。

a. 快速检索。检索可以限制期刊的年、卷、页码。期刊范围有三个选项："High Wirehosted journals"为 HighWire Press 协助出版的期刊；"My Favorite Journals"是用户选择的自己感兴趣的期刊（需要进行注册）；"ALL"为所有期刊，用户在进行任何一项检索时可选择其中的一项。用户可以在全文、作者或年卷页中输入检索条件进行检索。

b. 高级检索。在平台首页单击"more search option"进入高级检索界面。区别于快速检索的是，高级检索设置了全字段（Anywhere in Text）、题名 & 文摘（Title & Abstract only）、题名（Title only）、作者（Author）四个检索字段。any、all、phrase 三个选项在每个字段框后面都存在；其中"any"代表检索结果与输入的任一关键词匹配都行，相当于布尔逻辑运算符中的 OR；"all"为命中输入的全部关键词，相当于 AND；"phrase"为词组检索，检索结果与输入的词组匹配，相当于关键词加引号。

③个性化服务。单击首页"Alert"用有效的电子邮件进行免费注册后，即可享受到网站提供的个性化服务。在网站首页单击"My HighWire Press"进入个性化服务页面。以下几个个

性服务是该系统能够提供的。

My Favorite Journals(个人定制期刊)：用户可从 HighWire Press 协助出版的期刊中定制自己感兴趣的期刊组。

My SiteBar：一种帮助快速获取和使用自己定制的期刊组的简易工具。

My eTOC：Alerts 用户可通过电子邮件定制最新目次、新增期刊等信息,还可以定制期刊出版商发布的一些消息等。

My Cite Track：当系统新增内容中有与用户跟踪的主题、作者或者文章相匹配的内容时,以电子邮件方式通告用户。

My PDA Channel：个别 HighWire 期刊通过"HighWire Remote"设备向用户传送期刊最新目次、文摘和部分全文信息。

RSS Feeds：用户可定制期刊的最新目次和文摘信息。

My Access：使用的资源情况也是用户可以了解的。

2. 国内开放存取和免费网络资源

(1)中国预印本服务系统

中国预印本服务系统(网址为 http://prep.istic.ac.cn 或 http://prep.nstl.gov.cn)是由中国科学技术信息研究所与国家科技图书文献中心联合建设的以提供预印本文献资源服务为主要目的的实时学术交流系统。

(2)奇迹电子文库

奇迹电子文库(网址为 www.qiji.cn/eprint)是由一批中国年轻的科学、教育与技术工作者创办,是一种非营利性质的网络服务项目。

(3)中国医学生物信息网(CMBI)

中国医学生物信息网(网址为 http://cmbi.bjmu.edu.cn/)由北京大学心血管研究所、北京大学人类疾病基因研究中心及北京大学医学部信息中心协作、赞助和开发,是一个综合性、非商业化、非营利性的医学生物信息网。

(4)中国科技论文在线

中国科技论文在线网址为 http://www.paper.edu.cn。

(三)开放学术资源门户

1. 学术信息资源开放目录

学术信息资源开放目录(网址为 http://odp.nit.net.cn/),是宁波市数字图书馆重点研究项目。学术信息资源,自然科学、社会科学,国家学科分类标准是其组织方式,实现按照学科分类浏览、专题浏览(资源类型)。

2. 学科导航站

学科导航站(open data info link,简称 ODIL,网址为 http://www.odil.lib.tzc.edu.cn/)收集、分享国内外的学术资源,可免费检索,涵盖自然科学、农业科学、医药科学、工程与技术科学、人文社会科学和多学科综合。"我为人人,人人为我"是学科导航站用户系统建设的基本原则,欢迎并感谢参与资源共享的用户。

(四)开放存取教学资源

随着网络的普及程度越来越高,网络教育也在遍地开花。一种秉承知识共享精神和网络资源开放观念的开放课程也在世界范围内得到了长足的发展。比较著名的开放教学资源如下。

1. 中国开放式教育资源共享协会开放式教育资源

中国开放式教育资源共享协会(China Open Resources for Education,简称 CORE,网址为 http://www.core.org.cn),是2003年11月在 MIT OCW 的启发下,由美国 IET 基金会发起,并联合北京交通大学创建的非官方机构。目前,我国的成员大学有北京大学、清华大学、大连理工大学、中南大学、上海交通大学、西安交通大学、中央广播电视大学、四川大学、南京大学和哈尔滨工业大学等 11 所大学。CORE 以推进中美两国高校之间的紧密合作与资源共享为其服务宗旨,向中国高校免费提供以美国麻省理工学院为代表的国内外大学的优秀开放式课件、先进教学技术、教学手段等教学资源,从而达到提高中国教育质量的目的。同时,将中国高校的优秀课件与文化精品推向世界,促成教育资源交流和共享。通过十多年的不断努力,CORE 已为广大教育者及求知者打造了一个世界优秀教育资源的平台,通过该平台用户能够访问到以下资源。

(1)MIT OCW 中国镜像网站

目前,在我国已经建立了目的在于推广应用 MIT 开放课程的镜像网站,该网站网址为 http://www.core.org.cn/Ocw-Web/index.htm。该网站的维护工作由高等学校联合机构"中国开放式教育资源共享"来负责。中国学生可以直接登录该网站,免费获取 MIT 开放课程信息。http://www.Core.org.cn/OcwWeb/Global/all-courses.htm 集成了 MIT 部分英文原版课程及正在陆续翻译上线的中文版课程(网址为 http://ocw.mit.edu/courses/translatedcourses/simplified-chinese)。为方便国内用户利用,CORE 组织了志愿者对站点课程进行翻译。同时,台湾地区也有相应的开放式课程计划,该计划网站(网址为 http://www.myoops.org/twocw/mit)已全部将课程翻译成中文。该网站收录了东京工业大学、京都大学、大阪大学、早稻田大学等日本大学的开放课程。

(2)国际精品课程导航

国家精品课程是教育部 2003 年 4 月提出的《2003—2007 年教育振兴行动计划》"高等学校教学质量和改革工程"的重要内容之一。国家精品课程建设计划用五年时间(2003—2007 年)实现了 1500 门国家级精品课程的建设,打造具有一流教师队伍、一流教学内容、一流教学方法、一流教材、一流教学管理等特点的示范性课程的开放性平台,以期优质教学资源共享得以顺利实现,提高高等学校教学质量和人才培养质量。2003—2007年,教育部计划每年评审一次国家级精品课程,目前,教育部已经完成了2005年度的精品课程评审工作,精品课程总数已达750门。这750门精品课程的课件正陆续上网(网址为 http://www.core.org.cn/OcwWeb/Global/all-courses.htm)。

三、医学下载资源

医学下载资源包括论文、电子图书、软件、课件、图谱等多种种类。本节所列出的资源仅为部分精选资源,网络上的资源仍在持续不断地变化中。

在Internet上有很多专门的医学软件下载网站。其提供的软件种类及数量非常庞大,有各类临床应用的诊断和治疗类软件及医院管理软件,还有各类医学基础学习应用分析软件;有共享软件、免费软件和开放源代码软件。这些软件对医学临床和基础工作及科研教学工作的开展起着非常重要的支持作用。

1. 杰软医学软件园

杰软医学软件园(网址为 http://www.yn8888.com.cn/)是昆明杰软科技有限公司自行研制开发的系列医学软件,该软件园囊括了多达50多种软件,其中包括视频影像系统工作站、数字影像系统工作站(DICOM)、三维影像系统工作站、PACS影像系统、HIS医院管理软件等。"试用下载"提供了各类软件的免费试用。

2. 金叶天成医学导航

金叶天成医学导航(网址为 http://www.medscape.com.cn/)提供各种医学软件网址。

3. 医学全在线

医学全在线(网址为 http://www.med126.com/)目的在于为中国医务工作者提供动力,各类医学考试是其关注的重点,覆盖医学考研、执业医师考试、执业药师考试、执业护士考试、卫生资格考试等,提供及时医学资讯,考试信息,免费医学资源下载等。医学全在线医学软件包括最新中国药品通用名称 roboword 免安装版、体表面积计算工具、听诊考核 v2.0、精诚中草药查询大全 5.1105 绿色特别版等医学软件。

4. 生物谷网站——生物软件下载

生物谷网站——生物软件下载(网址为 http://www.bioon.com/Soft/)提供生物软件、医学软件、工具软件、英语软件、电子书以及多媒体等资源的下载。

软件的下载方法:当软件名称及网址已经被获知时,可直接从网上将相应的软件下载下来;当不知道软件下载网址时,可以通过 Internet 上的各类搜索引擎进行搜索,以软件名称进行特定的搜索查询,或以其他关键词,如在 Google、百度中输入"molecular biological software"或"医学软件下载"进行广泛的搜索,即可将相关软件查询出来。如果网上有软件的最新版本或升级版本,应该下载最新版本或升级版本。

参考文献

[1]陈红勤等. 医学信息检索与利用[M]. 武汉:华中科技大学出版社,2014.

[2]陈燕. 医学信息检索与利用[M]. 北京:科学出版社,2012.

[3]李红梅,王振亚. 医学信息检索与利用[M]. 北京:人民邮电出版社,2013.

[4]刘传和,杜永莉. 医学信息检索与利用[M]. 北京:军

事医学科学出版社,2008.

[5]罗兰珍,李如生,胡玮.网络环境下医学信息检索课教学内容应与时俱进[J].科技情报开发与经济,2011,(24).

[6]狂马.国内四家主流DL调研分析报告[N].中国图书商报,2013-03-15.

[7]赵禁.学术信息开放存取与图书馆服务[J].图书馆学研究,2006,(04).

[8]黎静.生命医学类信息的开放获取研究综述[J].情报搜索,2010,(12).

[9]申舒.基于网络免费学术资源的个人数字图书馆构建[J].情报探索,2013,(01).

[10]王兴华.数字资源服务在科技查新中的应用与探索[J].农业图书情报学刊,2014,(06).

[11]高钢.谁是未来新闻的报道者？——维基技术的本质及对新闻报道的影响[J].国际新闻界,2008,(06).

第六章 医学信息分析利用

随着社会信息化进程的加快,信息资源成为继劳动力、资本之后人类经济活动、社会活动的重要战略资源。文献资源作为科学知识、科研成果的有形载体,除了直接反映成果的研究内容外,还蕴藏着大量表征科学活动基本性质的信息。

生物医学作为当今科技发展最为迅速的领域之一,生物医学信息资源迅猛增加。如何利用科学的方法、先进的技术对其进行快速、有效的挖掘,深度揭示医学科技研究热点、研究前沿,辅助医学科技研究人员确定科研选题方向、把握医学科技研究现状,为科研管理人员、科技政策人员提供决策支持服务,成为医学科研人员、信息分析研究人员共同关注的问题。

第一节 医学文献信息分析

一、概述

(一)文献信息分析的概念

文献信息分析是指以社会用户的特定需求为出发点,以定性和定量研究方法为手段,通过对文献信息的收集、整理、鉴别、评价、分析、综合等系列化加工过程,使新的、增值的信息产品得以形成,最终为不同层次的科学决策服务的一项具有科研性质的智能活动。

(二)文献信息分析流程

研究准备期、数据采集期、数据分析期三个阶段共同构成了文献信息分析,具体见图6-1①。

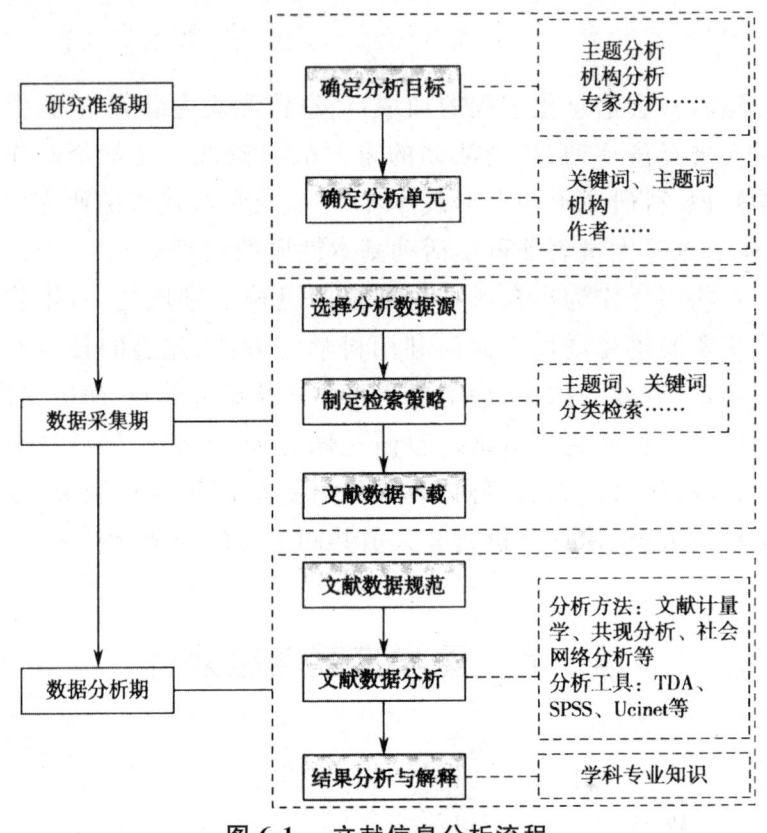

图 6-1　文献信息分析流程

(1)研究准备期

分析目标的确定和分析单元组成了研究准备期。

①分析目标的确定:分析目标是整项分析研究的主导因素,同时也主导着研究的实际操作过程。

---

① 代涛. 医学信息检索与利用[M]. 北京:人民卫生出版社,2010:291

②分析单元:文献分析单元可分为文献外部特征分析单元和文献内部特征分析单元:文献外部特征分析单元,如时间、作者、国家、机构以及期刊等;文献内部特征分析单元,如题名、关键词、主题词以及参考文献等。用户对相应分析单元的选择需要根据具体分析目标来进行,如了解某学科的研究热点应选择关键词或主题词作为分析单元,了解某个主题的历史演化轨迹应选择时间和关键词(主题词)作为分析单元。

(2)数据采集期

依据研究目标选择合适的分析数据源,制定详尽的检索策略,尽可能全地将与研究主题相关的文献信息都收集到,使研究结果更具权威性和说服力,并把收集到的数据生成信息分析数据集。

(3)数据分析期

文献信息分析的核心是数据分析期,由以下三个部分共同构成:

①文献数据规范:从目标数据集中将明显错误的数据和冗余的数据都一一去除,去除噪声或无关数据,并在各种转换方法的帮助下将数据转换成有效形式,为后续分析打下坚实基础。

②文献数据分析:依据分析目标,寻求最佳分析方法、分析软件,分析已选择的分析单元。常用的文献信息分析方法有词频分析、引文分析、共现分析等,文献信息分析软件有 Thomson Data Analyzer、SPSS 等。不同分析方法实现的分析目的不同,不同分析软件可实现不同的分析方法,用户应在较为全面掌握不同分析方法、分析软件的基础上开展相关分析工作。

③结果的分析和解释:通过文献信息分析处理,能使分析对象的格局更加清晰直观,有助于用户对某学科、某主题的文献分布规律及其研究现状的研究。对于分析结果的解释,片面依据定量分析结果是不可取的,应结合学科专业知识,做更深层次的分析和解释。

(三)文献信息分析常用指标

文献信息分析工作的开展,需要从定量角度对文献特征进行分析处理,常用的计量指标主要有:

①论文量统计:实现文献分析单元的一个基本数量统计,如某作者、机构、国家、期刊、学科的总论文量以及每年的论文量等。

②被引次数:指某文献被引用的次数,是文献计量学中被用来测量论文学术影响力的一种重要指标。一般来说,文献的被引次数跟该文献的学术水平呈正比。

③影响因子:1972年,由尤金·加菲尔德提出了国际上通行的期刊评价指标,具体算法:影响因子=该刊前两年发表论文在当前被引用的次数/该刊前两年发表论文总数。

④年均增长率:体现了文献随时间增长的快慢,具体算法:

年均增长率 $= \left[\sqrt[n-1]{\frac{a_n}{a_1}} - 1 \right] \times 100\%$。

⑤篇均被引次数:平均每篇文献被引用的次数。

⑥H指数:评价科学家(机构、地区、国家、学科)科研绩效的指标,它代表一个科学家(机构、地区、国家、学科)在一段时间内发表的N篇论文中有h篇论文被引用次数不小于h次,也就是说至少有h篇论文被引用了h次。

⑦共现频次:共现是指相同或不同类型特征项信息共同出现的现象,相同类型特征项的共现研究有论文共现、作者共现、关键词共现、机构共现等,不同类型特征项的共现研究有时间-关键词共现、期刊-作者共现以及作者-关键词共现等。共现频次是相同或不同类型特征项信息共同出现的次数。

二、常用医学文献信息分析工具

除了信息分析方法之外,信息分析工具也是开展信息分析的重要技术支撑,是提高信息分析质量和效率的重要保障。文献信息分析工具主要包括网络版文献信息分析数据库和单机版分析软件。本部分重点介绍一下国内常用的文献信息分析工具。

1. 文献信息分析数据库

国内开发的文献信息分析数据库主要是可用于引文分析的数据库,如中文科学引文数据库(CSCD)、中国科技论文与引文分析数据库(CSTPCD)、中文社会科学引文索引(CSSCI)、中国引文数据库(CCD)、中国生物医学期刊引文数据库(CMCI)、中国科学文献计量指标数据库(CSCD ESI Annual Report)等。此外,国内生物医学领域权威数据库——中国生物医学文献服务系统(SinoMed)也提供了基本的文献信息分析功能。下面主要对中国科学文献计量指标数据库和 SinoMed 的分析功能进行简单介绍。

(1)中国科学文献计量指标数据库(CSCD ESI Annual Report)

由中国科学院文献情报中心基于科学计量学和网络计量学的相关方法,以中国科学引文数据库(CSCD)和美国科学引文索引(SCI)为基础开发研制。该库自 1999 年开始,都比较客观地统计和描述了每年度我国科技论文产出和影响力的宏观状况,可用于辅助科研管理部门、科学研究人员了解我国科技发展动态。从宏观统计到微观统计,将我国各省市地区、高等院校、科研院所、医疗机构、科学研究者的论文产出和影响力都展示了出来,并以学科领域为引导,显示我国各学科领域的研究成果,揭示不同学科领域、研究机构的分布状态。

(2)中国生物医学文献服务系统(SinoMed)

由中国医学科学院医学信息研究所开发研制的集检索、开放获取、个性化定题服务、全文传递服务于一体的生物医学中外文整合文献服务系统,其主体为中国生物医学文献数据库(CBM)。SinoMed 在具有强大检索功能的同时还提供了检索结果的统计分析,其结果分析界面类似于 ISI Web of Science,可对作者、出版时间、作者单位、来源期刊、加权主题词以及文献类型 6 个字段进行分析。最多分析 30000 条文献记录,最多显示前 50 条结果。分析完成后,通过选择、点击"记录浏览"即可实现指定结果详细内容的查看,同时可对该结果进行二次分析。

2. 文献信息分析软件

截止到目前,国内还没有商业化的可用于文献信息分析的专业化软件,通过文献调研仅发现一些情报分析专家及其课题组自行研发的工具,如中国医科大学崔雷教授等开发的文献计量学共引分析软件、南京理工大学王日芬教授等开发的文献计量与内容分析综合应用软件。

三、信息分析的主要应用

对大量文献信息数据进行的快速、有效的挖掘可借助于科学的分析方法和先进的分析工具来进行,一方面可以辅助科研管理人员、科技政策人员进行科研管理和科研评价,另一方面可以辅助医学科技研究人员、科技政策人员将医学科技研究热点和研究前沿揭示出来,确定科研选题方向、把握医学科技研究现状和制定国家科技规划,为科技决策提供支持服务。下面简要介绍一下文献信息分析的主要应用。

(1)科技评价分析

科技评价是对科技活动及其效果的评价和估计。科技评价主要对被评对象的质和量进行评价,文献信息分析的产生和发展使得科学活动的量化评价成为可能。

科技评价的内容是多方面的,根据分析对象的不同可分为三个层次:一是宏观评价,指国家、地区或省市的科技水平和科技实力评价,以及学科评价等。二是中观评价,指机构或单位(如大学、研究所等)的评价。三是微观评价,指科技人才评价和科技期刊评价等。目前,开展科技评价常用的定量文献分析方法主要有基本统计分析、引文分析等。

(2)科技战略信息分析

科技战略信息分析是围绕国家科技发展的决策需要,在掌握有关信息的基础上,运用现代技术手段和战略信息分析方法,揭示科技发展规律和发展态势,预测科技发展趋势和未来前景,提出科技发展的政策和对策建议,从而形成能满足国家科技战略决策需要的情报信息的研究过程。

根据战略信息分析的内容和层次,可将科技战略信息分析划分为科技发展态势监测分析、科技发展趋势预测分析和科技发展战略对策分析。科技发展态势监测分析是科技发展趋势预测分析和科技发展战略对策分析的基础,为预测分析和对策分析提供关于科技发展战略方面的监测信息和态势情报。科技发展趋势预测分析是科技发展对策分析的基础,为对策研究提供关于科技发展未来趋势的分析情报,使对策研究在时间维度上有了关于未来发展样式的判断。科技发展战略对策分析以科技发展态势监测分析和科技发展趋势预测分析为基础。从这一意义上来说,科技战略信息分析三种类型的区分是相对的。开展科技战略研究除采用定性分析方法外,还常用定量的文献分析方法,如共词分析、共引分析和聚类分析等。

第二节　医学信息利用

医学信息利用主要体现在医学科技信息跟踪和医学科技查新,下面对医学科技信息跟踪做重点介绍。

科技信息是科技创新的基础,及时跟踪掌握科技信息也是科技创新的前提条件。在科研与创新能力日益成为推动国家和区域经济发展关键力量的今天,积极果断地跟踪医学科技信息,洞悉医学科技发展的现状和动向,可促进医学乃至整个科学事业的发展。

1. 医学科技信息跟踪的意义

医学科研和实践中,均离不开对医学信息的收集与利用。但如果医学科技人员在科研和实践过程中,仅是消极跟踪他人科技现状和动向,重复、模仿他人工作,而不注重自身的创新和改进,则难以适应时代要求。

2002年起我国科技发展战略发生重大转变,告别了20多年来的跟踪"战术",开始注重抢占世界制高点,力争实现跨越式发展。因此,医学科技人员应当注重积极的科技信息跟踪,在及时了解和掌握国内外医学科技现状、动态及发展方向的基础上,开展创新和跨越式研究,从而有效减少低水平重复研究,缩短科技追赶周期,迅速发现新问题,及时将新技术、新方法应用于临床及科研之中。

医学科技信息跟踪贯穿于医学科研与实践的全过程之中,可分为事前跟踪、事中跟踪和事后跟踪。积极有效地开展医学科技信息跟踪的意义表现在:

①事前跟踪:确定医学科研和实践的方向及可行性。在医学研究与实践之前,进行积极有效的科技信息跟踪,可以掌握国内外已有哪些相关研究及其研究水平,目前还有哪些问题亟待解决,以及国内外研究的动向及主攻点,从而确定自身科研与实践的方向,明确其可行性,避免医学科研与实践工作的低水平重复,节省人力、物力和时间,提高科研与实践水平,促进医学科研与实践工作的发展。

②事中跟踪:完善、调整医学科研和实践工作。在医学科研与实践之中,进行积极有效的科技信息跟踪,可以及时解决科研与实践中遇到的具体问题,并掌握相关领域的最新动态,不断完善、调整相关工作,提升科研水平与实践创新性,使相关工作更趋成熟、合理。

③事后跟踪:明确医学科研和实践成果的水平及方向,为今

后提供参考。在医学科研与实践完成之后,还需要进行积极有效的科技信息跟踪。即通过比较与国内外最新研究之间的差异、差距及特色,明确自身科研和实践成果所处的水平及今后发展方向,确定自身科研和实践工作的新的创新点,为今后的科研和实践工作提供参考。

2. 医学科技信息跟踪途径

依据医学科技信息跟踪的主体性质,可分为自主跟踪、半自主跟踪和非自主跟踪途径;依据医学信息跟踪的方式,可分为手动跟踪、半智能跟踪和智能跟踪。以下分别介绍这些跟踪途径。

(1)自主跟踪、半自主跟踪和非自主跟踪途径

自主跟踪途径主要是由医学科研和实践工作者自主地查找、跟踪相关科技信息,了解医学科技信息现状与前沿等。半自主跟踪主要是由医学科研和实践工作者在与他人合作的基础上开展相关跟踪,如通过自身研发团队的协作、信息共享等,共同分享最新跟踪的相关科技信息等,也可与医学信息服务机构合作,随时交流并分享跟踪的科技信息,共同开展科技信息跟踪。而非自主跟踪途径则主要是医学科研和实践工作者委托他人进行信息跟踪服务,如委托医学信息服务机构进行相关研究专题的定题跟踪服务等。

(2)手动跟踪、半智能跟踪和智能跟踪途径

①手动跟踪途径:在医学科技信息跟踪中,比较传统的就是手动跟踪途径。即由信息跟踪者手动的定期查找常用医学信息资源,如定期检索国内外医学文献数据库、浏览相关网站资源、查阅专业书刊等,来跟踪最新的医学科技信息。如需要了解国内外甲型 H1N1 流感的最新确诊病例数、死亡病例数等疫情信息,可通过定期浏览世界卫生组织 WHO 网站、美国疾病控制预防中心 CDC 网站、我国卫生部网站、我国疾病预防控制中心网站等,及时跟踪了解最新情况。

该跟踪途径的特点是较为传统,可根据需要调整跟踪的信息

来源、跟踪内容及跟踪方向等。但较为费时费力，需要手动定期地进行信息查找和跟踪，跟踪效率较低，而目前医学科技信息飞速发展，采用传统的信息跟踪方法，不利于进行大量信息的定期跟踪。

②半智能跟踪途径：半智能跟踪较手动跟踪更为方便、省时省力。即由信息跟踪者根据自身的信息需求，借助智能信息跟踪技术和工具，实现医学科技信息的半智能跟踪。如利用数据库、网络平台提供的个性化服务包括信息定制推送服务、存储服务、界面定制服务等，实现信息自动推送、定制；也可利用一些现有医学信息分析方法、工具，对医学科技信息进行自动分析，了解跟踪医学科研和实践中的研究前沿、研究热点、核心机构、核心作者、核心期刊等。如需要了解国内外有关甲型H1N1流感最新研究文献信息，可利用多个数据库的信息定制推送服务功能，以PubMed为例，利用制定好的检索策略"(swine OR H1N1)AND(flu OR influenza OR vires OR outbreak OR pandemic)AND "last 6 moths"[edat]"，采用PubMed上RSS定制功能，或在My NCBI中保存检索策略后，自动向指定E-mail定期推送文献题录，即可实现对甲型H1N1流感相关研究文献信息的半智能跟踪。

该跟踪途径的特点是较为省时省力、方便快捷，但需要充分了解自身需求，在此基础上，还需要学习了解相关半智能跟踪方法，如需要对众多数据库、网络平台的不同个性化服务功能有所了解和掌握，才能更好地进行半智能跟踪。

③智能跟踪途径：目前，智能跟踪途径也已开始应用于医学科技信息跟踪之中。其中主要依靠相关智能技术如信息挖掘技术（智能跟踪用户兴趣、学习和预测信息需求）、智能搜索技术（智能搜索个性化信息资源）、信息过滤技术（冗余信息处理过滤）、智能代理技术（智能化信息处理和信息推送）等，实现从智能分析用户需求到智能信息处理和推送的信息跟踪。目前，已有搜索引擎、数据库、网络平台中提供智能跟踪途径，但智能跟踪技术尚需进一步研究和发展，才能更好地捕捉用户需求等，进

行智能信息跟踪。

该跟踪途径的特点是能通过智能分析用户需求等技术进行信息跟踪,更为方便快捷,但目前,智能跟踪技术尚不成熟,因此应用还较为有限。

第三节 医学信息调查与研究

一、医学信息调查研究的基本概念

医学科研人员或信息工作人员针对医学科研的特定需要,围绕医学科研的全局或特定的课题,在广泛搜集医学情报资源和实际调查的基础上,采用一定的科学方法,经过分析研究,提出有科学依据,有对既有医学研究的评价、对未来医学研究预测意见的情报研究结论,这一过程即为医学信息调查研究。

二、医学信息调查研究的特点

(1)针对性

医学信息调查研究主要是为领导决策、科研立项、项目引进和改造、科研成果的推广应用等工作提供有针对性的文献信息服务,是为了解决特定问题和特定需求而开展的信息调查工作,因此具有很强的针对性。

(2)科学性

信息调研必须从实际出发,通过分析、推理、判断、综合等方法,揭示事物的内在规律和本质,因此具有很强的科学性。具体表现在:

①材料准确。调研人员必须以客观、公正的态度,对其所搜集的原始资料的可靠性进行筛选、判断、分析,去伪存真,必要时

还需进行实地调查,而不以个人好恶取舍材料。

②方法科学。选用科学的方法,一般多采用客观的定量分析指标,唯物辩证的思想方法与合理的文献信息分析法,对搜集来的资料进行归纳、筛选、综合、分析研究,以提高调研成果的质量和使用价值。

③论点客观。在搜集大量文献信息的基础上,充分运用逻辑方法、数学方法,以及统计学方法所得出的结论比一般的评论和结论要准确、可靠、客观。

(3)时间性

信息调研具有很强的时间性,科学研究只有迅速、有效地占有信息,才能加快研究进程,取得成果。

(4)综合性

这是由调研课题的复杂性、调研方法的多样性决定的。由于现代医学模式已由单一生物医学模式转变为生物医学-心理学-社会学。涉及人与社会、人与环境、人与经济、人与法律等诸多方面的因素。因此信息调研必须从调研的整体目标出发,多方合作才能得出解决问题的合理方案和建议。

(5)预测性

信息调研需要调研人员对课题的过去、现在,特别是未来的发展趋势做出详尽的分析和判断,给决策者提供参考以减少决策时的盲目性,提高科学性和合理性。

三、医学信息调查研究的分类

(1)医学发展全局调研

内容主要包括医学科研政策、规划、科技发展方向、对社会的影响等信息调查研究。如中国医学科学院医学信息所长期、连续、定期地为国家医学科技各项攻关计划决策、管理和研究提供的综合信息研究服务。决策性、全局性的信息调研,其社会性、综合性较强,仅依靠一个部门、一个地区或一个机构的研究人员力量还不够,需要组织有关部门的力量共同完成。

(2)医学专题调研

专题信息调研是医学信息调查研究的基本业务工作,涵盖了医学科研的内容,所涉及面广,但通常专业指向性强,主要包括:

①医疗技术和设备的开发引进的信息调研。在引进技术和设备时,必须对引进项目在国内外所处水平,引进项目与本国、本部门科学研究的关系,是否具备消化、掌握、应用的能力等方面进行调研。通过调查分析,了解和掌握同类技术和设备在国内外的发展水平、动向和趋势,以便确定开发的方向和具体项目,选择最佳技术方案和途径。

②医疗产品开发、生产、营销的信息调研。医疗器械和药品等的开发、生产、营销都应该预先进行信息调研。产品选择是否符合消费者的需要,是否符合企业的实际,直接关系到企业的前途和命运。确定开发的产品或调整产品的生产方向,都需要对国内外有关技术及同类产品的发展水平、动向和趋势、市场的动向和用户的需要、国内的具体条件和本单位的特点进行认真的调研,从技术、经济的角度进行全面、系统的分析和预测。

③医疗市场竞争的调研。市场份额已被越来越多的企业所关注,了解和掌握医疗市场的现状能为企业领导的决策提供以事实为依据:有对比的信息咨询服务,调研内容包括医疗机构的数量、规模、特点,医疗用品生产企业的数量、产品类型、市场占有率等。

④科研立项或成果鉴定过程中的信息调研。科研立项与成果鉴定都离不开信息调研。立项时通过信息调研掌握课题研究的相关背景,国内外研究的现状、水平和可能的趋势,特别要注意捕捉那些带有关键性、方向性的新兴、空白课题,使选定的科研课题能建立在学科前沿和起步于先进水平之上,并充分利用已有成果,避免重复他人的劳动。在科研成果鉴定时,要通过信息调研,了解其他相关课题研究已取得的成果,并与之进行比

较。这样才能对其水平做出客观的、有依据的、正确的评价。

(3)医学管理调研

医学管理信息调研为实行医学管理发挥着积极作用。主要是对体制改革、计划管理、课题项目管理,经费、人员、物资器材以及成果等管理的信息分析和调研。可分为宏观管理信息调研和微观管理信息调研。前者主要调研企事业单位的发展战略、目标、计划等方向性课题,后者主要调研企事业单位的工作等事务性课题。二者互相补充,互为一体。

由于国际市场竞争的白热化和社会信息化发展进程的日益加快,人们越来越多地认识到竞争情报对企业的重要性。竞争情报(Competitive Intelligence,CI)是指关于竞争环境、竞争对手和竞争策略的信息和研究,是一种过程,也是一种产品。过程包括了对竞争信息的收集和分析;产品包括了由此形成的情报和谋略。

四、医学信息调查研究在科研中的作用

(1)医学科研选题时的信息调研

科研选题即科研问题的提出和选定。通过信息调研可以了解学科当前的发展水平,课题研究的相关背景,国内外研究的现状。例如:国内外已有哪些相关研究以及研究水平如何;目前的研究中尚有哪些问题有待解决;国内外研究的动向和主攻点。

(2)医学科研过程中的信息调研

科研课题定题后,虽然有了主攻的方向和对背景资料的了解,但研究设计还仅仅是一个初步的框架,还必须不断地进行信息调研。因为预先确定的科研方案和方法并非一成不变,随着科研的深入,会暴露出课题设计的一些问题。此时,及时进行信息调研,获取针对性较强的信息,则有利于科研课题更趋于成熟合理。在科研过程中,会遇到各自具体的问题,如实验试剂的配方、技术参数匹配等。通过信息调研,可以了解同类研究的最新

方法,解决科研过程中的各种技术问题。科学研究是动态发展的,定题以后,必须不断地获取新的信息,掌握相关领域研究的最新动态,不断完善课题,使课题更富有新意。

(3)医学科研完成后的信息调研

课题完成后,准备成果鉴定时要通过信息调研对课题进行评估,确定成果研究水平是国际领先还是国内领先。这时要明确国内外的相关研究有哪些,将本研究课题与国内外相关研究的科学性、新颖性、先进性进行比较,找出本课题的创新点。这一阶段搜集资料既要突出"准",又要注意"全",即既要有针对性又要全面系统。

第四节　医学论文的写作

医学论文是医学科学研究成果的文字概括和医学实践经验或临床总结,也是医学科学研究工作的文字记录和书面总结,是医学科学研究工作的重要组成部分。它是以医学科学及有关的现代科学知识为理论指导,经过科研设计、研究或临床观察、现场调查后,得到的第一手感性资料,通过分析、归纳、统计学处理等一系列的思维劳动,使之提炼升华,上升为新的理论概念而写成的具有先进性的文章。

一、医学论文的种类

学术论文可分为多种类型、按表达方式分为专题式、综合式、提出假说式、商列式、比较式等;按内容分为理论型和实验型。学术论文是学术会议交流的主要内容,也是生物医学期刊的主要内容。下面从不同的划分方式来对医学论文进行分类:

1. 按医学论文的功用划分

①学术论文,是对生物医学领域中的问题进行总结、研究、探讨,表述生物医学研究的成果,理论性的突破,生物医学实验或技术开发中取得新成就的文字总结。

②学位论文,是学生在教师指导下,根据所学专业的要求为申请学位而撰写和提交的论文,目的在于总结学生在校期间的学习成果、培养学生综合运用所学知识解决实际问题的能力,并使他们接受科学研究的基本训练。学位论文是考核申请者能否被授予学位的重要依据和必备条件。

2. 按医学论文资料来源划分

①实验研究论文。以实验手段取得科学资料,加以分析评价,提出对某个问题的新认识、新观点而撰写的论文。

②调查研究论文。以调查方法取得科学资料,经过分析整理、统计学处理后而撰写的论文,如疾病的流行病学调查研究报告等。

③观察研究论文。以观察方法取得的资料,通过总结分析、探索出规律性的理论而撰写的论文。

④资料分析性论文。对某个课题收集积累一定时限范围的资料,进行整理、综合分析而撰写的论文,如综述、述评等。

⑤经验体会性论文。通过对既往资料和自己部分实验观察与调查研究的资料相结合,自己总结出对该方面的经验和体会,如治疗经验体会,某疾病的鉴别诊断经验等。

3. 按论文出版类型来划分

①原始论文,是根据具体选题所进行的调查研究、实验研究、临床研究及临床工作经验的总结。这类总结是作者的第一手资料,反映具体单位和个人的科研水平,而且也是提出某些假说或观点的主要资料。原始论文应有作者自己的见解和新的观

点、新的理论、新的方法,以推动医学科学向前发展。原始论文是医学期刊文章的主要组成部分。

②综述与述评,内容主要来自已经发表的资料,即以间接资料为主,属于三次文献。结合作者的部分研究资料和经验,把来自多渠道、分散的、无系统的,甚至有矛盾的资料,按照个人的观点和体系编排,使读者能了解某学科领域或某专题的进展情况。综述与述评虽不完全是作者亲手所做的研究,但它有新观点、新见解、新设想、新资料,使医学某领域或某专题更加系统化、条理化、完整化和理论化,是医学论文的重要组成部分之一。

二、医学文献检索与医学论文写作

医学论文是医学科学工作者基于科学实验或临床实践有所发现而进行写作的,其目的是为了通过报道进行经验交流和学术交流,促进医学科学的发展与技术、方法的改进。相似及相关联课题的探索会有相当多的人同时在进行研究,因此,医学论文写作前必须通过医学文献信息检索(或称查新、预查新)掌握国内外同类研究的动态、进展。

三、医学论文的一般结构

医学论文包括前置、主体、结尾三个部分。前置部分包括题名、作者署名、摘要、关键词、符号表(可选);主体部分包括前言、正文(材料与方法、结果)、讨论、结论、致谢、参考文献;附录部分(可选);结尾部分。

1. 前置部分具体要求

(1)标题

题名又称篇名、标题等,是论文的题目,居论文之首。医学论文的题目,是以恰当、简明的词语,反映论文中特定内容的逻辑组合。特定内容,即论文的中心内容。题名应使读者理解该文的主题思想、主要观点和主要结论。题名是对论文中重要内容的高度概括,应准确无误地表达,避免使用含义笼统及一般化的词语。应以恰如其分的词语表述论题的新颖程度和研究内容的深度,避免用不得体的华丽辞藻,或过高过低程度的用语。要尽量采用规范化的主题词作为题名,为编制目录、索引等二次文献和文献检索提供方便。题名应该简短精练,又有必要的信息量,字数一般控制在20个汉字以内。如译成英文,一般以不超过10个实词为妥。避免使用不常见的缩略词、符号、代号或公式等,也不要使用疑问句或主、动、宾完整的句子。尽量不用副篇名,如为了补充完善篇名,而必须设立副篇名,应以圆括号或破折号与正篇名分开。

(2)作者署名

作者应在发表的作品上署名。署名者可以是个人,也可以是团体。内容包括作者姓名、工作单位及邮编。署名是拥有著作权的声明。据《中华人民共和国著作权法》规定,著作权属于作者。著作权包括发表权、署名权、修改、保护作品完整权等。署名权表明作者的研究成果及作者本人都得到了社会的承认和尊重,即作者向社会声明,作者对该作品拥有了著作权;署名是表示文责自负的承诺,即论文一经发表,作者对其作品负有政治、科学、技术和法律上的责任。署名即表明作者愿意承担这些责任;署名便于读者与作者取得联系。读者如需向作者询问、质疑或请求帮助,可以与作者联系。署名本人应是直接参加课题研究的全部或主要部分的工作,即做出主要贡献者;本人应为作品创作者,即论文撰写者;本人对作品具有答辩能力,并是作品的直接责任者;署名一般应使用真实姓名。署名一般按贡献大小先后排列,指导者或导师的姓名一般排在作者之后,参加研究者已故,应在姓名外加上线框。对于参加部分工作的合作者,某项测试的承担者,以及只提供资料、样品或仅参加辅助工作的人员等均不署名,这些人可以列入"致谢"部分作为感谢的对象。署名的位置一般写在文题下方居中,作者工作单位必须用全称标注,不得用简称。单位地址应有邮政编码。

(3) 摘要

摘要也称提要,是对全文进行高度浓缩,用简短的语言来陈述全文中的主要内容。

(4) 关键词

关键词是科技论文的文献检索标识,表达文献主题概念的自然语言词汇;是论文信息的高度概括,论文主旨的集中反映。

(5) 中图分类号

分类号通常是指《中国图书资料分类法》或《中国图书馆图书分类法》的分类表中的分类号。分类语言是用分类号来表达文献主题概念的情报信息语言,分类语言和主题词的作用及功能作用是互补的。分类语言是由符号体系、词汇和语法组成的。分类表是分类语言的文字体现。为了便于文献的检索、存储和编制索引,发表医学论文要求按照上述"图书分类法"著录分类号。

(6) 文献标识码

其作用在于对文章按其内容进行归类、以便于文献的统计、期刊评价、确定文献的检索范围,提高检索结果的适用性等。

2. 主体部分具体要求

(1) 前言

前言又称引言或导言,经常作为医学论文的开场白,提出该文中要研究的问题,引导读者阅读和理解全文。较长的重要论文都需要写前言,以便向读者提供阅读和领会全文的总纲。写前言时应开门见山、抓住中心,文字一般不宜太多,写法不拘一格,做到酌情撰写,不必面面俱到;切忌空话、套话、大话。注意前言与提要是有所区别的,不要把前言当成摘要的注释,前言应能起到引出本文的主题给读者以引导的作用。

(2)正文

材料与方法这部分提供了研究工作中的原始资料,是论文中论据的主要内容。重点介绍研究的对象、实验材料、方法及研究的基本过程。包括用逻辑顺序精确地描述新方法,并指明方法借鉴的参考文献,表明采用方法的目的等。

结果描述实验所得到的数据与事实结果,是论文的关键部分。实验成败由此判断,一切推理由此导出,所以结果不是原始资料的堆砌和原始数据的展示,而是将所获得的原始资料或数据充分表达出来,要求具体、真实、清楚、准确。

(3)讨论

讨论是将研究结果从感性认识提高到理性认识的部分,是科研成果的总结性说明。它是论文的核心之一,讨论的前提和基础是前面六部分和正文中材料与方法、实验结果所介绍的内容。从理论上对实践结果进行分析、比较、解释、推论、预测等方面的阐述。

论文水平的高低和价值的大小可在讨论中表现出来,因此也是最难写的部分。讨论的具体内容可包括:分析实验结果,提出科学理论依据;有什么创新,能解决什么理论或实际的问题;将本研究结果与当前国内外有关研究进行比较,找出异同点,并对异同的可能原因进行探讨;指出成功的经验和失败的教训;对本研究结果的可能误差,以及值得商榷的问题,提出进一步的建议和设想;讨论结果一般要做出高度概括的论断即结论,是论文的最后归宿。

讨论语言要简明扼要,不要重复叙述,不能隐瞒缺点。引用他人的定理、公式、数据以及重要结论性意见,要注明来源,反对不恰当地引经据典。

(4)结论

结论部分是根据研究结果和讨论所作的论断,应反映论文中通过实验、观察研究并经过理论分析后得到的学术见解。结论应是该论文最终的、总体的结论。

3. 后置部分具体要求

(1) 致谢

科研工作的顺利完成离不开他人的帮助,对研究工作提出指导性建议者,论文审阅者,资料提供者,技术协作者,帮助统计者,为本文绘制图表者,提供样品、材料、设备以及其他方便者,在正文的最后应向对本研究提供过帮助的人致以谢意。致谢成为论文的一个组成部分,它并不是每一篇论文都必须具备的。致谢必须实事求是,应防止剽窃掠美之嫌,也勿强加于人,如未经允许写上专家、教授的名字,以示审阅来抬高自己。致谢一般要说明被谢者工作的内容,如"技术指导"、"收集资料"、"提供资料"等。

(2) 参考文献

是作者为了标明论文中某些论点、数据、资料与方法的出处,供读者参阅、查找而引用的有关资料。它是论文的一个重要组成部分,有助于证实论文的科学性,也表示对他人劳动成果的尊重。

四、医学综述的一般格式

医学综述是由前置部分、正文及后置部分组成。前置部分与后置部分与其他医学论文格式基本相同,正文主要由三个部分组成。

1. 前言

简要地说明写作本文的目的、意义、范围及有关的概念或定义,简介主要问题的历史、现状、趋向和存在的问题等。

2. 主体

主体是综述的核心部分,主要是通过提出问题、分析问题和解决问题,从不同的角度叙述本专题的历史背景、现状、存在问题、解决问题的方法及发展方向,叙述各家的观点,尤其是不同的观点,把不同的作者资料和观点加以融会贯通,阐明其间可能的内在联系,也可加入作者对分析、比较结果的认识。主体部分引用的资料应注意以下问题:能说明问题,而且具有较大的理论和实践意义;比较成熟、可靠,既新颖又具代表性反映问题的发展阶段,阶段性成果。

3. 总结

总结对主体内容进行扼要的概括,要求能与前言内容相呼应。内容包括综述的意义、争论的焦点、发展趋势,也可以提出作者的观点、见解和建议等。

4. 参考文献

参考文献是综述的原始素材,也是综述的基础,在综述中明确注明参考文献一是尊重被引证作者的劳动成果,二是表明引用的科学依据,并提供该主题查找有关文献的线索。

五、医学论文的撰写规范与要求

医学论文是医学研究成果的文字体现,好的医学论文是对医学成果进行科学的再创造。因此,在论文写作中,必须具有严肃的态度、严谨的学风和严密的方法,要做到言之有理、言之有物,表达要有顺序、层次、条理分明,这是论文撰写的最基本要求。同时在遵守这些标准的同时,在撰写和发表医学论文中也有一定的实用技巧,更好地掌握这些技巧能使医学论文的写作和投稿达到事半功倍的效果。

医学论文的表达方式要求编排规范。例如,实验数据是否记录准确并符合有效数字的规定,图表是否画得清楚并符合规范原则,参考文献引用是否符合格式要求等。不符合规范的结果往往会降低医学论文的应用价值,甚至给读者留下不可信的印象。

1. 文摘的编写规范及要求

摘要的内容包括研究的目的、对象、方法、结果、结论及适用范围等,但重点是按目的方法、原结果、原结论这一顺序,逐项分别叙述,对全文中的最主要信息进行概括。这种结构式摘要,是目前大多数生物医学期刊所采用的一种摘要形式;摘要能为二次文献提供材料,便于做文摘和检索;为数据库的建设和计算机检索提供了方便条件。

在编写文献时要注意以下几个方面的内容:摘要中应排除本学科领域已成为常识的内容;一般也不要对论文内容作诠释和评论,更不要作自我评价;论著和重要文章须写摘要,短文不写摘要,一般综述、讲座也不写摘要;摘要避免过分简单或空泛冗长,字数一般在100~200字左右,不宜超过300字;要使用规范化的名词术语和惯用的缩略词或符号,不用图和表格,一般不用数学公式和化学结构式;用第三人称。建议采用"对……进行了研究"、"报告了……现状"等记述方法标明一次文献的性质和文献主题,不必使用"本文"、"作者"等作为主语。

2. 论文的关键词编写规范及要求

医学论文的关键词是从其题名、层次标题和正文中选出来的,能反映论文主题概念的词或词组。关键词是供读者迅速了解论文的主要内容。关键词以醒目的字体列在摘要的下方,一目了然,使读者很快了解论文的主题概念和主要内容;学术界利用关键词去检索已发表的有关论文。作者发表的论文如不标注关键词或叙词,读者就检索不到,文献数据库就不会收录此类论文。关键词选用是否恰当,关系到该文被检索的概率和该成果的利用率。关键词选用应先从论文的题名和正文内容中选用若干个拟用关键词,然后从公认的词表(如《医学主题词注释字顺表》、《中医药学主题词表》、《汉语主题词表》)提供的规范化主题词中选关键词;拟用的关键词如不规范应修正或转换;如果在上述词表中找不到所需标准的关键词,也可选用自由词,即自定几个能反映论文中心内容的词汇或术语。

3. 中图分类号的编写规范及要求

为了方便从期刊文献的学科属性进行族性检索,并为文章的分类统计创造条件,论文均应标识中图分类号。分类号需采用《中国图书馆分类法》进行分类,文章一般标识1个分类号;多个主题的文章可标识1个或3个分类号,主分类号放在第一位,多个分类号之间应以分号分隔,文章的中图分类号最好是由作者提供。

4. 文献标识码的编写规范及要求

文献标识码一般不需要作者标注,而是由期刊专职人员根据文章内容划分的。

具体如下:

A——理论与应用研究学术论文(包括综述报告);

B——实用性技术成果报告(科技)、理论学习与社会实践总结(社科);

C——业务指导与技术管理性文章(包括领导讲话、特约评论等);

D——一般动态性信息(通讯、报道、会议活动、专访等);

E——文件、资料(包括历史资料、统计资料、机构、人物、书刊、知识介绍等)。

说明：

①不属于上述各类的文章以及文摘、零讯、补白、广告、启事等不加文献标识码。

②中文文章的文献标识码以"文献标识码："或"[文献标识码]"作为标志，如：文献标识码：A。

③英文文章的文献标识码"Document code："作为标志。

规范对各类文章格式的要求有所不同。A类文章要求有中英文题名、工作单位、摘要、关键词，还要有汉语拼音的作者姓名；B类和C类文章要求有中文题名及作者姓名。

A类文献是期刊质量的一个标志。医学期刊中论著是期刊的核心部分，学术价值较高，一般都被定为A类文献；综述性文章一般篇幅较长，以汇集文献资料为主，或着重评述，具有权威性，对学科的进一步发展有引导作用定为A类。论著摘要、病例报告、经验交流等类文章，文章标志码的统一存在一定困难，有的定为B，有的定为其他，须根据文章的具体情况分别对待。述评、专题讨论等一般标志定为C；简短的病历报告、短篇报道一般定为D。

5. 参考文献编写规范及要求

(1)参考文献在正文中的标注方法

文后参考文献是科学论文和专著等出版物重要的组成部分，规范的文后参考文献著录既体现了著者和编辑严谨的科研和学术态度，也反映了出版物的编校质量，同时它还是促进信息共享和知识传递的重要途径。我国已于2005年颁布并实施了《文后参考文献著录规则(GB/T 7714—2005)》。它的颁布和实施不仅为著者和编辑提供了规范化的著录方式，也是文后参考文献著录与国际接轨的一种体现，这对于规范作品和出版物的文后参考文献著录意义重大。通常遵循准确、清晰、完备、规范、便于检索的原则。

国际标准 ISO/DIS 690 即《文献工作文后参考文献—内容、格式和结构》规定可采用顺序编码制、著者——出版年制和引文注法三种体制,并对不同体制的文献著录格式作了明确的规定。国际生物医学期刊编辑委员会制订的《生物医学期刊投稿的统一要求》(即温哥华格式)规定参考文献采用顺序编码制,我国最新的国家标准《文后参考文献著录规则》规定可采用顺序编码制和著者——出版年制。下面介绍目前使用最普遍的顺序编码制的著录格式。

1)参考文献的著录项目。

①主要责任者(专著作者、论文集主编、学位申报人、专利申请人、报告撰写人、期刊文章作者、析出文章作者)。多个责任者之间以","分隔,注意在本项数据中不得出现缩写点"."。主要责任者只列姓名,其后不加"著"、"编"、"主编"、"合编"等责任说明。

②文献题名及版本(初版省略)。

③文献类型及载体类型标识。

④出版项(出版地、出版者、出版年)。

⑤文献出处或电子文献的可获得地址。

⑥文献起止页码。

⑦文献标准编号(标准号、专利号……)。

2)参考文献的著录规范。

①按正文中引用的文献出现的先后顺序用阿拉伯数字连续编码,并将序号置于方括号中。

②同一处引用多篇文献时,将各篇文献的序号在方括号中全部列出,各序号间用逗号",",例如,[2,4,6]如果引用是连续的可用-连接,例如,[1-3]。

③在文末按正文部分标注的序号依次列出所有的参考文献。

(2)常用著录格式范例

以下为一些常用参考文献著录格式与实例,其中文献类型标志、引用日期与获取访问路径为电子文献必备项。电子文献参考文献类型和标志代码对照表如表6-1所示。

表6-1 电子文献参考文献类型和标识代码对照表

参考文献类型	专著	论文集	期刊文章	专利	学位论文	报告	报纸文章	标准
文献类型标识	M	C	J	P	D	R	N	S

1)专著。

[序号]主要责任者．书名[文献类型标识]．版本．其他责任者．出版地:出版者,出版年:文献数量．丛编项．附注项．文献标准编号。

例:[1]王家良．循证医学[M]．2版．北京:人民卫生出版社,2010:76

2)源会议录、论文集。

[序号]析出责任者．析出题名//论文集名[文献类型标志](供选择项:会议名,会址,开会年)出版地:出版者,出版年:起止页码[引用日期]．获取和访问路径。

例:[2]孙品一．高校学报编辑工作现代化特征//中国高等学校自然科学学报研究会．科技编辑学论文集[C]．北京:北京师范大学出版社,1998:10－12

3)期刊文章。

[序号]主要责任者．文献题名[文献类型标识]．刊名,出版年份,卷号(期号):起止页码[引用日期]．获取和访问路径。

例:[3]倪向阳,马向军．糖化血红蛋白对糖尿病的诊断价值[J]．临床检验杂志,2011,12(3):67－69

4)专利文献。

[序号]专利申请者或所有者．专利题名:专利国别,专利号

[文献类型标志].公告日期或公开日期[引用日期].获取和访问路径。

例:[4]姜锡洲.一种温热外敷药制备方案:中国专利,881056072[P].1989-07-26

5)学位论文。

[序号]主要责任者.文献题名[文献类型标志.保存地:保存单位,年份:页码范围[引用日期.获取和访问路径。

例:[5]鲁卫平.DNA生物传感器快速检测病原微生物的实验研究[D].重庆:重庆医科大学,2009:10—14

6)报告。

[序号]主要责任者.文献题名[文献类型标志].报告地:报告会主办单位,年份:页码[引用日期].获取和访问路径。

例:[6]冯西桥.核反应堆压力容器的LBB分析[R].北京:清华大学核能技术设计研究,1997,2

7)报纸文章。

[序号]主要责任者.文献题名[文献类型标志].报纸名,出版年,月(日):版次[引用日期].获取和访问路径。

例:[7]谢希德.创造学习的思路[N].人民日报,1998,12(25):10

8)电子公告。

[序号]主要责任者.题名:其他题名信息[文献类型标志].(更新或修改日期)[引用日期].获取和访问路径。

例:[8]清华大学图书馆.清华大学OCLC服务中心:OCLC简介[EB/OL].(2006-04-21)[2006-05-25].http://www.lib.tsinghua.edu.cn/service/OCLC.html#OCLCdescribe[①]

[①] 陈红勤等.医学信息检索与利用[M].武汉:华中科技大学出版社,2014:319

第五节　个人文献信息管理

由于科学研究的继承性与连续性,医学科研完成后要不断积累大量的文献资料,这些文献构成研究工作的基础。研究人员发表研究成果时需要引用参考文献,这些参考文献用于介绍研究背景,对研究方法做出说明,对研究成果做出解释或进行讨论。如何高效管理这些海量参考文献信息,能够在需要时随时调用,成为科研人员面临的问题。此外,研究人员投稿时应注意不同期刊对参考文献的格式有不同的要求,要按照稿件要求标注引文和编排参考文献列表。传统的文献信息管理主要是通过笔记、卡片和复印等方式进行。笔记是积累科学研究资料或教学参考资料的一种方法,有助于提高写作和阅读能力、锻炼思考和培养揭示问题本质的能力及准确简练表达自己思想。科研人员尽量积累齐自己的科研课题资料。对搜集到的个人专题文献予以阅读、标记和做笔记,并加以卡片式的编排以备查找,一直是科学研究和个人文献组织管理的经典方法,但这种传统的文献管理方式比较耗时耗力,效率不够高。

随着科学研究的不断深入,科技工作者需要搜集、管理和利用的文献信息越来越多。当搜集的文献信息达到一定数量时,仅凭个人大脑已难以实施有效管理,迫切需要从这种烦琐、低效、事务性的工作中解脱出来,专心致力于科学研究。因此,科研人员在从事科学研究而面对大量的文献信息时,如果没有一个好的管理工具,仅凭个人的记忆来进行分类管理比较困难,迫切需要一种高效、方便和准确地管理与利用参考文献的工具。现代文献信息管理方式——文献管理软件,为个人的文献信息管理和利用提供了解决的方法。

一、个人文献信息管理的概念及流程

个人文献信息管理是个人为实现一定目标而对各种文献信息进行获取、组织、维护、检索和利用的行为过程。自20世纪80年代诞生以来，它经历了从手工式管理到单机环境，再到网络化的历程，也从仅供个人使用扩展到集体共享。狭义上，个人文献信息管理可理解为对个人计算机中的文献信息进行管理的过程；广义上，还包括对非个人计算机中存储的与个人学习、工作和生活等有关信息的管理过程。个人文献信息管理的对象为个人文献信息，这里主要指个人保存并能满足个人需求的文献信息，它具有交流渠道多样和信息提供者众多等特点。通过一定的方法和工具，科研人员可将存储的个人文献信息整合为个人文献数据库，方便以后进行检索与利用。

个人文献信息管理的整个流程包括信息的积累、获取、加工、整合、共享与创新等（其中包括信息处理和知识吸收）。个人文献信息管理具体包含以下三个层次：

①对自己拥有的文献资料进行整理，使之条理化和有序化。
②对自己的知识结构进行评估，开展建构性学习。
③加强个人隐性知识的管理与开发，及时转化为显性知识，从而激发个人知识的创新。

文献管理软件正在帮助构建个人书目资料库，将个人拥有的显性知识导入并使之有序化，方便随时检索与利用。

二、文献管理软件

文献管理软件又称为书目管理软件，是一种具有文献检索与整理、引文标注、按格式要求形成参考文献列表等强大功能的软件，可嵌入文字处理软件中使用，还可以直接通过在线数据库下载文献题录并对其进行统计分析。国外文献管理软件较多，主要有 EndNote、ProCite、Reference Manager、RefViz、RefWorks、BibTex、Biblioscape 等。国内的文献管理软件主要有 NoteExpress、医学文献王、Papenworks 免费参考文献管理软件、PowerRef 参考文献管理系统、文献之星等。这些文献管理软件的基本功能相似,主要包括以下几个功能。

①建库:将本地计算机或远程数据库的参考文献信息导入到资料库中。

②储存:按照一定的格式存储参考文献,以满足随时调用的需要。

③管理:可去重、排序、分类组织参考文献等。

④检索:可按特定数据字段(作者、期刊等)搜索资料库。

⑤输出:对参考文献的标引自动按照格式要求进行编排。

三、现代个人文献信息管理的特点

现代的文献信息管理方法是在继承传统的文献信息管理方法的基础上,与计算机技术、电子文献和网络技术相结合发展而来的,其搜集、积累、组织和管理文献的手段更加丰富多样,其特点主要体现在以下几个方面。

①文献信息搜集高效化。读者借助个人计算机、网络通信和网络数据库,可将大量的二次文献数据通过个人文献管理软件直接检索和导入个人文献管理软件;可以直接下载网页、PDF等一次文献;可以识别出文献的标题、作者等字段;导入文件时自动根据内容创建题录建立数据库。个人文献管理软件可支持不同二次文献数据格式、支持批量导入。读者的心得笔记可以写入文献管理软件,并支持计算机自动检索。

②文献信息管理智能化。由于借助计算机管理文献,整个文献的添加、删除、编辑、排序、去重等管理高度自动化,另外自动分组、统计分析等智能化管理标志了文献管理已经初步具有智能化的特征。

③引用写作一体化。自动化办公软件和文献管理软件关联,达到用户撰写文档时就能直接从文献管理软件数据库中搜索到指定文献,并以欲投稿期刊的参考文献格式插入文中指定位置,而无须手工输入,节省了时间,也降低了手工输入的错误率。另外,还提供多种期刊的全文模板,方便用户创作新的作品。

④资源中心化和交流、共享网络化。个人文献管理软件突破传统管理文献资源的限制,成为可以有效管理文档、图片、电子资源及视音频资料的个人多媒体资源中心,即个人图书馆。

基于网络的文献管理软件与个人单机版文献管理软件的无缝连接,二者之间既相互独立也可以互传数据同步更新,把文献与文献、文献与活动、文献与人连接起来,在人际交流的互助互动过程中通过文献与知识共享,运用群体的智慧进行创新,以赢得竞争优势。

参考文献

[1]李红梅,王振亚. 医学信息检索与利用[M]. 北京:人民邮电出版社,2013.

[2]陈红勤等. 医学信息检索与利用[M]. 武汉:华中科技大学出版社,2014.

[3]陈燕. 医学信息检索与利用[M]. 北京:科学出版社,2012.

[4]代涛. 医学信息检索与利用[M]. 北京:人民卫生出版社,2010.

[5]王敏等. 信息可视化在医学文献分析中的初步应用理论研究[J]. 医学信息学杂志,2010,(02).

[6]王敏等. 卫生政策研究领域文献信息分析的初步研究[J]. 医学信息学杂志,2005,(09).

[7]宫雪,崔雷. 利用不同类型引文探测研究前沿及比较研

究[J].中华医学图书情报杂志,2010,(04).

[8]王淑斌,孟庆刚.基于中医文献的科学计量学方法应用探讨[J].中华中医药学刊,2014,(04).

[9]陈颖,鄢百其.浅谈医学科技查新工作[J].图书情报工作,2012,(S1).

[10]黄培标.浅谈医学情报调研工作[J].右江民族医学院学报,2009,(02).